알기 쉬운

고사 & 사자성어

해동한자어문회 편

머리말

역사는 경험의 축적으로 이루어진 법칙이요 거울이다. 그렇기 때문에 동·서를 막론하고 사람들은 역사에 특별한 의미를 부여하고 이를 연구한다.

역사는 냉엄하다. 그것은 현재 살아 있는 세대의 거울이 되어야 한다는 의식에서 말할 수 있다. 생활과 행동의 교훈인 만큼 역사는 우리들로 하여금 여러 가지로 생각하게 하며 또한 되풀이하는 행동으로 인생을 그르치지 않게 하는 많은 명언·경구가 담겨져 있다.

그런 말들은 현대생활에도 널리 적용된다.

이와 같은 교훈 중에서 무엇을 배우고 받아들일 것인가 하는 것은 개개인의 문제지만 어쨌든 이러한 말들이 우리의 정신생활과 표현을 매우 풍부하게 해 주는 것만은 사실이다. 그리고 이런 어휘들이 가지는 뜻을 이해해 두면, 자기를 유익케 하는 점이 많은 것 또한 사실이다.

교육정책이 바뀌면서 고사성어에 대한 인식이 새롭게 떠오르고 있다. 사실 고사성어는 먼지 낀 옛기록의 차원을 넘어 생활의 지혜임이 분명하다.

고사성어는 알면 알수록 선인들의 지혜가 우리의 가슴을 탁 트게 하는 묘미가 있다. 요즘 세상에 한두 개의 고사성어를 알지 못하면 부끄럽기까지 하는 세상이고 보면 고사성어는 우리 생활 깊숙이 파고들었다고 볼 수 있다.

우리는 자기의 생각을 간단 명료하게 혹은 어떤 처해진 상황을 적절하게 표현하고자 할 때 흔히 고사성어를 인용한다. 이것은 고사성어가 고유하게 가지고 있는 뛰어난 의미를 함축하고 있기 때문일 것이다.

고사성어는 그 하나하나마다 탄생 배경을 가지고 있으며, 삶을 살아가는 지혜가 담겨 있다. 그러나 우리에게 널리 알려진 고사성어를 제외한 대부분의 고사성어는 그 말의 유래와 의미를 잘 알지 못하고 있다.

그러므로 고사성어와 숙어가 다소 어려운 것이라 하여 경외시하고 의식적으로 거부하는 사람이라도 이 책을 통해 배우게 되면 고사성어에 나타난 흥미진진한 역사의 파노라마에 흥미를 느낄 수 있을 뿐만 아니라 선현들의 지혜를 자기 것으로 만들 수 있을 것이다.

그런 의미에서 이 책은 격언 · 속담의 의미를 이해하고 지식을 쌓아가는 데도 도움이 될 것이고, 자기도 모르는 사이에 한문 소양을 기르는 데 많은 힘이 되리라 믿는다.

차 례

ㄱ ······ *6*

ㄴ ······ *24*

ㄷ ······ *30*

ㅁ ······ *37*

ㅂ ······ *46*

ㅅ ······ *57*

ㅇ ······ *66*

ㅈ ······ *81*

ㅊ ······ *87*

ㅌ ······ *95*

ㅍ ······ *97*

ㅎ ······ *101*

부록 ······ *107*

가인박명　　佳人薄命
[아름다울가 · 사람인 · 엷을박 · 목숨명]

出典　소식蘇軾의 시
文意　아름다운 여인은 단명하다.
解義　아름다운 여인일수록 운명이 기박함을 일컫는 말.

가정맹호　　苛政猛虎
[독할가 · 정사정 · 사나울맹 · 범호]

出典　《예기禮記》
文意　포학한 정치.
解義　정치인의 가렴주구는 호랑이보다 더 무섭다는 뜻이다.

각주구검　　刻舟求劍
[새길각 · 배주 · 구할구 · 칼검]

出典　《여씨춘추呂氏春秋》
文意　칼이 물에 빠지자 뱃전에 표시해 두었다가 찾는다.
解義　미련하여 융통성이 없음을 이르는 말.

가빈즉사양처【家貧則思良妻】
집이 어려워지면 살림을 잘하는 아내를 생각한다는 뜻으로 어려울 때 구원자를 갈망함의 비유　　　　　　　　　　　　　　*〈史記〉

간담상조　　　　肝膽相照

[간간·쓸개담·서로상·비출조]

出典　《후청록侯鯖錄》
文意　간과 쓸개를 서로 본다.
解義　서로 꾸미고 감춤이 없이 마음의 문을 열어놓고 사귐.

간장막야　　　　干將莫耶

[방패간·장수장·말막·어조사야]

出典　《순자荀子》〈성악편性惡篇〉
文意　명검도 사람의 손을 거쳐야 빛이 난다.
解義　사람도 교육을 통해 선도해야만 역량을 발휘할 수 있다.

강노지말　　　　强弩之末

[강할강·쇠뇌노·의지·끝말]

出典　《사기史記》
文意　힘차게 나간 화살도 어느 지점에서는 힘없이 떨어진다.
解義　아무리 강한 군사도 원정을 나가면 힘이 쇠하기 마련이라는 말.

간담초월 【肝膽楚越】
견해가 다르면 밀접한 관계에 있는 것도 멀게 보이고 또 서로 다른 것도 같은 것으로 보임을 비유한 말　　　　　　　　　　　　*〈莊子〉

개과천선 改過遷善
【 고칠개 · 허물과 · 옮길천 · 착할선 】

- 出典: 《진서晉書》
- 文意: 지난간 허물을 고치고 착한 사람이 됨.
- 解義: 악한 자가 선한 자로 탈바꿈하는 것을 말함.

거재두량 車載斗量
【 수레거 · 실을재 · 말두 · 헤아릴량 】

- 出典: 《삼국지三國志》
- 文意: 수레에 싣고 말斗로 셈할 수 있을 정도.
- 解義: 헤아릴 수 없을 정도로 많은 인재.

건곤일척 乾坤一擲
【 하늘건 · 땅곤 · 한일 · 던질척 】

- 出典: 한유韓愈의 시
- 文意: 승부를 겨룸.
- 解義: 나라의 탈취와 같은 큰 표적을 두고 잃느냐 그렇지 못하느냐의 큰 승부의 겨룸에 쓴다.

강류석부전 【江流石不轉】
강물은 흘러도 돌은 구르지 않는다는 뜻으로 양반은 환경의 변화에 함부로 움직이지 않는다는 것을 비유한 말

견토지쟁　犬兎之爭
【 개견 · 토끼토 · 갈지 · 다툴쟁 】

- 出典　《전국책戰國策》
- 文意　개와 토끼의 다툼.
- 解義　쓸데없는 다툼을 뜻하기도 하고 양자의 싸움에서 제삼자가 이익을 보는 것을 비유한다.

결초보은　結草報恩
【 맺을결 · 풀초 · 갚을보 · 은혜은 】

- 出典　《춘추좌씨전春秋左氏傳》
- 文意　풀을 엮어 은혜를 갚다.
- 解義　죽어서도 은혜를 잊지 않고 갚겠다는 뜻.

경국　傾國
【 기울어질경 · 나라국 】

- 出典　《한서漢書》
- 文意　임금이 여인의 미모에 반해 나라가 기울어짐.
- 解義　얼굴이 빼어난 미인이어서 나라가 흔들릴 정도로 위태로움. 또는 그런 용모의 여인.

거언미내언미 【去言美來言美】
가는 말이 고와야 오는 말이 곱다는 뜻　　　　　　　　　　*〈東言考略〉

경원 敬遠
[공경할경·멀원]

- **出典**: 《논어論語》
- **文意**: 공경을 하나 멀리한다.
- **解義**: 겉으로는 존경하는 듯하나 내심으로는 꺼리고 멀리한다.

계군일학 鷄群一鶴
[닭계·무리군·한일·학학]

- **出典**: 《진서晉書》
- **文意**: 닭의 무리 속에 한 마리의 학.
- **解義**: 평범한 사람들 속에 뛰어난 인물이 있는 것을 비유한다.

계륵 鷄肋
[닭계·갈빗대륵]

- **出典**: 《후한서後漢書》
- **文意**: 닭 갈비.
- **解義**: 닭의 갈비는 뜯어먹을 살이 없으나 버리기에는 아깝다는 뜻.

견강부회 【牽强附會】
견강(牽强)은 억지로 끌어감을 말하며 따라서 가당치도 않은 말을 억지로 끌어다 붙여 조건이나 이치에 맞추려고 함 *〈朱子語類〉

계명구도　鷄鳴狗盜

[닭계·울명·개구·도적도]

- 出典 《사기史記》
- 文意 닭처럼 울고 개처럼 들어가 좀도둑질을 함.
- 解義 아무리 미천한 사람도 작은 재주가 있으면 남을 도울 수 있다.

계포일낙　季布一諾

[사철계·베포·한일·승낙할낙]

- 出典 《사기史記》
- 文意 계포가 승낙함.
- 解義 한 번 약속하면 반드시 지킨다.

고굉지신　股肱之臣

[넙적다리고·팔굉·의지·신하신]

- 出典 《서경書經》
- 文意 다리와 팔뚝에 비길 만한 신하.
- 解義 군왕이 가장 신임하는 신하를 가리킴.

계명구도 【鷄鳴狗盜】
닭의 울음 소리를 잘 내는 사람과 개 흉내를 잘 내는 좀도둑이라는 뜻.
점잖은 사람이 배울 것이 못되는 천한 기능을 비유한 말　　　*〈史記〉

고복격양　鼓腹擊壤
【 두드릴고 · 배복 · 두드릴격 · 땅양 】

出典 《십팔사략十八史略》

文意 이 낱말의 원어는 '실제로 임금님의 은덕을 크게 입으면서도 그것이 너무도 크고 또 이미 만성화하여 이젠 그의 고마움을 잊고 어찌 임금님의 힘이 나에게 미치리요 하고 자만 · 무감각하게 됐다' 는 뜻.

解義 태평성대에 의식衣食이 풍부하고 만족한 나머지 고복(배를 북 삼아 두드린다는 뜻)하여 노래부르면서 격양擊壤놀이를 즐긴다는 뜻이다. 우리나라에서 풍년이 들어 농부가 태평한 세월을 찬양하여 부르는 노래를 '격양가' 라고 하는 것도 원출처는 '고복격양鼓腹擊壤'이다.

고성낙일　孤城落日
【 외로울고 · 성성 · 떨어질낙 · 날일 】

出典 왕유王維의 시
文意 고립된 성과 해가 지는 낙조.
解義 세력이 쇠하여 점차 고립무원의 상태를 의미함.

고망착호 【藁網捉虎】
썩은 새끼로 범을 잡는다는 뜻으로 어수룩하고 허술한 준비로 큰 일을 계획하는 어리석음을 비유한 말
*〈旬五志〉

고침안면 高枕安眠
[높을고 · 베개침 · 편안안 · 잘면]

- 出典 《전국책戰國策》
- 文意 베개를 높이 하고 편히 잠을 잔다.
- 解義 근심이나 걱정 없이 편히 살아가는 것을 뜻함.

고 희 古稀
[예고 · 드물희]

- 出典 두보杜甫의 시 《곡강曲江》
- 文意 예로부터 드문 것을 뜻함.
- 解義 70세를 고희라 칭한다.

곡학아세 曲學阿世
[굽을곡 · 학문학 · 아첨할아 · 인간세]

- 出典 《한서漢書》
- 文意 학문을 왜곡하고 세상에 아첨한다 뜻.
- 解義 정도正道에서 벗어난 학문을 닦아 세상에 아부한다는 뜻.

곡수유상 【曲水流觴】
골짜기 물에 술잔을 띄워 보낸다는 뜻으로 지난날 선비들이 정원의 곡수에 술잔을 띄우고 시를 읊으며 즐기던 잔치를 말함

공중누각 空中樓閣

【 하늘공 · 가운데중 · 다락누 · 다락집각 】

- **出典** 《몽계필담夢溪筆談》
- **文意** 공중에 떠 있는 누각.
- **解義** 현실성이 없는 생각이나 계획.

과유불급 過猶不及

【 지날과 · 같을유 · 아니불 · 미칠급 】

- **出典** 《논어論語》
- **文意** 지나침은 미치지 못하는 것만 못하다는 말이다.
- **解義** 지나침은 미치지 못함보다 못하다는 뜻으로, 어느 쪽으로 든지 치우침 없이 중용의 길을 걸어야 한다는 뜻.

과전불납리 瓜田不納履

【 외과 · 밭전 · 아니불 · 드릴납 · 신리 】

- **出典** 《당서唐書》
- **文意** 참외밭에서는 신발을 고쳐 신지 않는다.
- **解義** 사람들로부터 혐의 받을 일은 하지 말라는 뜻.

과전이하【瓜田李下】
오이밭에서 신을 고쳐 신지 말고 오얏나무 밑에서 갓을 고쳐 쓰지 말라는 뜻으로 의심받을 짓은 처음부터 하지 말라는 말   *〈列女傳〉

관포지교 　管鮑之交
[관관 · 절인어물포 · 갈지 · 사귈교]

- **出典** 《사기史記》
- **文意** 관중과 포숙의 두터운 우정.
- **解義** 친구 사이의 두터운 우정을 말함.

괄목상대 　刮目相對
[긁을괄 · 눈목 · 서로상 · 마주할대]

- **出典** 《삼국지三國志》
- **文意** 눈을 비비고 상대방을 대한다는 말.
- **解義** 상대방의 학식이나 재주가 갑자기 몰라볼 정도로 진보한 것을 뜻한다.

광풍제월 　光風霽月
[빛광 · 바람 풍 · 비개일제 · 달월]

- **出典** 《송사宋史》〈주돈이周敦頤〉
- **文意** 빛나는 바람과 맑은 달.
- **解義** 가슴 속에 맑은 인품을 지닌 사람을 말함.

관리도역【冠履倒易】
머리에 쓰는 관을 발에 신고 신을 머리에 쓴다는 뜻으로 상하의 위치가 거꾸로 됨을 이르는 말　　　　　　　　　　　　　　　　　*〈後漢書〉

괘관 掛冠

[걸괘 · 관관]

出典 《후한서後漢書》
文意 갓을 벗어 걸다.
解義 관직을 버리고 벼슬길에서 물러나는 것을 뜻함.

교언영색 巧言令色

[공교할교 · 말씀언 · 하여금령 · 낯색]

出典 《논어論語》
文意 교묘한 말과 부드러운 얼굴.
解義 얼굴색을 부드럽게 하고 말을 교묘하게 하여 분란을 일으키는 소인배를 일컫는 말.

교주고슬 膠柱鼓瑟

[아교교 · 기둥주 · 북고 · 악기이름슬]

出典 《사기史記》
文意 기둥(비파나 거문고의 기러기발)을 풀로 붙여 놓고 거문고를 탄다는 뜻.
解義 어떤 규칙에 얽매여 임기응변을 모르는 것. 또는 고집불통을 비유하는 말이다.

교토삼굴　狡兎三窟
[교활할교 · 토끼토 · 석삼 · 굴굴]

- 出典　《사기史記》
- 文意　지혜로운 토끼는 구멍 세 개를 파 놓는다.
- 解義　갑작스러운 난관에 대처해 미리 준비해 놓는 것을 말한다.

구밀복검　口蜜腹劍
[입구 · 꿀밀 · 배복 · 칼검]

- 出典　《십팔사략十八史略》
- 文意　입에는 달콤한 꿀을 머금고 뱃속에는 칼이 있다.
- 解義　겉으로는 부드럽고 달콤하게 대하지만 속으로는 상대를 몰아칠 흉측한 생각을 품음.

구상유취　口尙乳臭
[입구 · 주장할상 · 젖유 · 냄새취]

- 出典　《사기史記》
- 文意　입에서 아직 젖내가 난다는 뜻.
- 解義　상대가 어리고 말과 행동이 유치함을 얕잡아 일컫는 말.

교왕과직【矯枉過直】
구부러진 것을 바로잡으려다가 지나치게 곧게 한다는 뜻으로 잘못을 바로잡으려다 지나쳐서 오히려 나쁘게 됨을 이르는 말　　　*〈越絕書〉

구사일생　九死一生
[아홉구 · 죽을사 · 한일 · 살생]

- **出典**: 《사기史記》의 〈굴원 가생열전屈原 賈生列傳〉
- **文意**: 아홉 번 죽을 고비를 넘어 살았다.
- **解義**: 죽을 고비를 어렵게 넘겨 살아남을 비유.

구우일모　九牛一毛
[아홉구 · 소우 · 한일 · 터럭모]

- **出典**: 《한서漢書》
- **文意**: 아홉 마리 소 가운데 한 개의 터럭.
- **解義**: 많은 것들 중에서 극히 작은 한 개. 대단한 것이 못됨.

구화지문　口禍之門
[입구 · 재앙화 · 갈지 · 문문]

- **出典**: 《설시舌詩》
- **文意**: 입은 재앙의 문.
- **解義**: 입은 재앙을 불러들이는 문이라는 뜻이다.

구거작소 【鳩居鵲巢】
집을 잘 못 짓는 비둘기가 집을 잘 짓는 까치집에서 산다는 뜻. 남이 노력해서 얻은 지위를 힘들이지 않고 가로챔을 비유한 말　　*〈詩經〉

국사무쌍　國士無雙

[나라국 · 선비사 · 없을무 · 한쌍쌍]

- 出典　《사기史記》
- 文意　한 나라에 둘이 없는 인물.
- 解義　둘도 없다 할 정도로 뛰어난 인물.

국파산하재　國破山河在

[나라국 · 깨뜨릴파 · 뫼산 · 물하 · 있을재]

- 出典　《오세도奧細道》
- 文意　나라는 파괴되었어도 산과 내는 여전함을 뜻함.
- 解義　포로가 된 몸을 슬퍼함.

군자삼락　君子三樂

[임금군 · 아들자 · 석삼 · 즐거울락]

- 出典　《맹자孟子》
- 文意　군자의 세 가지 즐거움.
- 解義　군자 삼락이 곧 인생 삼락으로 통한다.

군자대로행 【君子大路行】
군자는 큰길을 택해서 간다는 뜻으로 바르게 행동함으로써 남의 본보기가 된다는 말

군자표변　　君子豹變

[임금군 · 아들자 · 표범표 · 변할변]

出典 《역경易經》

文意 표범의 가죽이 아름답게 변해가는 것처럼 군자도 뚜렷한 태도로 옮겨간다.

解義 오늘날에는 이 성어가 소인들의 돌변하는 행동에 쓰이고 있다.

권선징악　　勸善懲惡

[권할권 · 착할선 · 징계할징 · 악할악]

出典 《춘추좌씨전春秋左氏傳》

文意 착한 행실은 권하고 악한 행위는 징계함.

解義 선한 사람은 격려하고 악한 행위를 하는 자를 책망함.

권토중래　　捲土重來

[말권 · 흙토 · 무거울중 · 올래]

出典 《제오강정(題烏江亭)》

文意 흙먼지 날리며 다시 온다.

解義 한 번 실패한 사람이 다시 세력을 되찾아 돌아온다는 말.

귤화위지　　橘化爲枳

[귤나무귤 · 될화 · 위할위 · 탱자나무지]

- **出典** 《안자춘추晏子春秋》
- **文意** 귤이 변하여 탱자가 되었다.
- **解義** 경우에 따라서 사람의 성질도 변함을 뜻한다.

금상첨화　　錦上添花

[비단금 · 윗상 · 더할첨 · 꽃화]

- **出典** 《즉사卽事》
- **文意** 비단 위에 수를 놓는다.
- **解義** 좋은 일에 좋은 일을 더한다.

금성탕지　　金城湯池

[쇠금 · 재성 · 끓일탕 · 못지]

- **出典** 《한서漢書》
- **文意** 굳건한 성이 끓어오르는 연못으로 둘러싸여 있다.
- **解義** 적군이 공략할 수 없도록 수비를 굳게 하고 있다.

귀주출천방【貴珠出賤蚌】
귀한 진주는 천한 조개에서 나온다는 뜻. 현인이나 뛰어난 인물은 빈천한 데서 나온다는 말　　　　　　　　　　　　　　　　*〈抱朴子〉

금슬상화　琴瑟相和

[거문고금 · 비파슬 · 서로상 · 화할화]

出典　《시경詩經》

文意　금琴은 거문고, 슬瑟은 비파로 이 두 가지의 악기를 탈 때 음률이 잘 어울려 양자의 울림이 잘 화합한다.

解義　부부간의 글슬이 좋음을 일컫는다.

금의야행　錦衣夜行

[비단금 · 옷의 · 밤야 · 다닐행]

出典　《한서漢書》

文意　비단옷 입고 밤길 가기.

解義　남이 알아 주지 않는 보람도 없는 일을 함.

기사회생　起死回生

[일어날기 · 죽을사 · 돌아올회 · 낳을생]

出典　《여씨춘추呂氏春秋》

文意　죽었다가 살아남.

解義　죽음에 다다른 환자를 살리는 것. 또는 그러한 은혜를 베푸는 뜻으로도 쓰인다.

기마욕솔노【騎馬欲率奴】
말 타면 종에게 고삐 잡히고 싶다란 뜻으로, 인간의 욕심은 끝이 없음을 비유한 말
*〈旬五志〉

기우 杞憂
【 구기자기 · 근심우 】

- **出典**: 《열자列子》〈천서편天瑞篇〉
- **文意**: 기나라 사나이의 걱정.
- **解義**: 쓸데없는 근심과 걱정을 뜻하는 말.

기호지세 騎虎之勢
【 탈기 · 범호 · 갈지 · 기세세 】

- **出典**: 《수서隋書》
- **文意**: 범의 등에 올라탄 형세.
- **解義**: 달리는 범의 등에 올라탔으니 어찌 내릴 수 있겠는가. 이것은 도중에 그만두고 물러설 수 없는 형세를 뜻한다.

기화가거 奇貨可居
【 기이할기 · 재물화 · 옳을가 · 살거 】

- **出典**: 《사기史記》
- **文意**: 기이한 보화를 잘 두면 큰 이득을 얻음.
- **解義**: 사람에게도 투자하면 장차 큰 이득을 얻는다는 뜻.

기산지절 【箕山之節】
허유가 기산에 숨어 살면서 요임금의 양위를 받지 않고 절조를 지켰다는 고사에서 나온 말로, 굳은 절개를 이르는 말   *〈漢書〉

낙백 　落魄

[떨어질낙 · 혼백백]

- 出典　《사기史記》
- 文意　혼백이 땅에 떨어지다.
- 解義　뜻을 얻지 못한 처지에 있는 사람을 뜻함.

난형난제 　難兄難弟

[어려울난 · 맏형 · 어려울난 · 아우제]

- 出典　《세설신어世說新語》
- 文意　누가 형인지 동생인지 분간하기 어려움.
- 解義　서로 비슷할 때에 쓰는 말.

남가일몽 　南柯一夢

[남쪽남 · 가지가 · 한일 · 꿈몽]

- 出典　《남가기南柯記》
- 文意　남쪽으로 뻗은 나뭇가지 아래에서의 꿈.
- 解義　인생의 부귀 영화가 덧없음.

낙정하석【落穽下石】
사람이 함정에 빠진 것을 보고도 그 위에서 돌을 던진다는 말. 남이 환난을 당한 때에 돕지 않고 오히려 가해를 가함　　*〈旬五志〉

남상　濫觴

[넘칠남 · 잔상]

出典　《순자荀子》〈자도편子道篇〉
文意　큰 강도 처음에는 한잔 정도였다.
解義　무릇 모든 일의 시초는 가장 작은 것에서부터 시작됨.

남전생옥　藍田生玉

[쪽람 · 밭전 · 날생 · 구슬옥]

出典　《삼국지三國志》
文意　남전에서 옥이 나온다.
解義　현명한 아버지가 재능 있는 아들을 낳은 것을 칭찬하는 뜻이다.

남취　濫吹

[넘칠남 · 불취]

出典　《한비자韓非子》
文意　엉터리로 악기를 부는 것.
解義　무능한 사람이 유능한 체하는 것을 말함.

난익지은 【卵翼之恩】
알을 까서 날개로 품어 길러준 은혜라는 뜻. 자기를 낳아 길러준 부모님의 은혜를 이르는 말　　　　　　　　　　　　　　*〈左傳〉

남풍불경 南風不競

【 남녘남 · 바람풍 · 아니불 · 다툴경 】

出典 《춘추좌씨전春秋左氏傳》
文意 남방의 풍악은 지극히 미약하다.
解義 힘이나 기세가 약한 것을 뜻한다.

낭중지추 囊中之錐

【 주머니낭 · 가운데중 · 갈지 · 송곳추 】

出典 《사기史記》
文意 주머니 속에 든 송곳은 그 끝이 뾰족하여 주머니를
解義 뚫고 나온다.
포부와 역량이 있는 사람은 많은 사람 중에 섞여 있을지라도 눈에 드러난다는 말이다.

내우외환 內憂外患

【 안내 · 근심우 · 바깥외 · 근심환 】

出典 《십팔사략十八史略》
文意 안의 근심과 밖의 재난.
解義 근심 · 걱정 속에 사는 것을 뜻함.

남선북마【南船北馬】
옛날 중국에서 남부에서는 강이 많아 배를 이용하고 북부에서는 산이 많아 말을 이용한 데서 쉴새없이 여행함을 이르는 말

노마지지   老馬之智

[늙을노 · 말마 · 갈지 · 지혜지]

- **出典** 《한비자韓非子》〈설림편設林篇〉
- **文意** 늙은 말의 지혜.
- **解義** 세상살이는 경험에 의하여 축적된 지혜가 난관 극복에 도움이 된다는 뜻.

노익장   老益壯

[늙을로 · 더할익 · 장사장]

- **出典** 《후한서後漢書》
- **文意** 늙을수록 건강하다.
- **解義** 나이가 들수록 건강에 힘써야 한다는 것.

녹림   綠林

[푸를녹 · 수풀림]

- **出典** 《한서漢書》의 〈왕망전王莽傳〉
- **文意** 푸른 숲.
- **解義** 세상을 피한 호걸들이 산 속에 집단을 이루었음.

노불습유【路不拾遺】
길에 떨어진 남의 물건을 가지려는 짓은 하지 않는다는 말. 나라가 잘 다스려져 모든 백성이 매우 정직한 모습을 이르는 말

녹의사자　　綠衣使者

[푸를록 · 옷의 · 사신사 · 놈자]

出典 《개원천보유사開元天寶遺史》
文意 푸른 옷을 입은 사자.
解義 앵무새의 다른 명칭.

농단　　壟斷

[언덕농 · 절단할단]

出典 《맹자孟子》
文意 높이 솟은 언덕.
解義 시장 등에서 이익을 독점하듯이 권력을 한 손에 쥐고 좌지우지하는 것.

누란지위　　累卵之危

[얽힐루 · 알란 · 갈지 · 위태할위]

出典 《사기史記》
文意 알을 포개 놓은 위기라는 뜻.
解義 매우 위태로운 형세를 비유적으로 나타낸다.

노소부정 【老少不定】
죽음에는 노소가 따로 없다는 뜻으로 사람의 수명은 나이와 무관함을 비유하여 이르는 말
*〈觀心略要集〉

능서불택필　能書不擇筆

[능할 **능** · 글 **서** · 아니 **불** · 택할 **택** · 붓 **필**]

- 出典 《당서唐書》
- 文意 글씨에 능한 사람은 붓을 가리지 않는다.
- 解義 참다운 서예가는 필기구에 구애받지 않는다는 뜻.

노마십가 【駑馬十駕】
둔한 말이 열 수레를 끈다 함이니 재주가 없는 사람이라도 열심히 하면 훌륭한 사람에 미칠 수 있음을 비유한 말　　　　　　　　　　*〈荀子〉

노안비슬 【奴顔婢膝】
얼굴은 사내종과 같이 비굴하고 몸은 계집종과 같이 놀린다는 뜻으로, 남에게 알랑거리는 더러운 태도를 이르는 말

노어지오 【魯魚之誤】
'魯' 자와 '魚' 자가 비슷하여 잘못 쓰기 쉽다는 데서 모든 비슷한 글자의 잘못 씀을 이르는 말　　　　　　　　　　　　　　　　*〈抱朴子〉

농조연운 【籠鳥戀雲】
새장 속의 새가 구름을 그리워한다는 뜻으로, 자유 없는 사람이 자유를 그리는 마음을 비유하는 말. 고향 생각이 간절함을 비유한 말

눌언민행 【訥言敏行】
사람은 말하기는 쉬워도 행하기는 어려움으로, 군자는 모름지기 말은 둔하여도 행동은 민첩해야 함을 이르는 말　　　　　　　　　　*〈論語〉

다기망양　多岐亡羊

[많을다 · 갈림길기 · 잃을망 · 양양]

出典 《열자列子》
文意 갈림길이 많아 양을 잃다.
解義 학문에는 길이 많으므로 목적을 망각하지 말라는 뜻.

다다익선　多多益善

[많을다 · 많을다 · 더할익 · 좋을선]

出典 《사기史記》
文意 많을수록 좋다.
解義 감당할 능력이 있으면 많을수록 좋다는 말.

단 장　斷 腸

[끊을단 · 창자장]

出典 《세설신어世說新語》
文意 창자가 끊어짐.
解義 창자가 끊어지는 듯한 비통한 슬픔.
또는 그럴 만큼 마음의 상처를 입는다는 뜻.

다사지추【多事之秋】
일이 가장 많고 바쁠 때. 흔히 국가 사회적으로 일이 많이 발생한 때를 비유한 말

당랑거철 螳螂拒轍

[주발매미당 · 버마재비랑 · 막을거 · 바퀴자국철]

- **出典** 《회남자淮南子》
- **文意** 사마귀가 앞발로 수레바퀴를 막음.
- **解義** 분수를 모르고 날뛰는 것을 비유.

대공무사 大公無私

[큰대 · 마을공 · 없을무 · 사정사]

- **出典** 《진서珍書》
- **文意** 모든 일에 사가 없다.
- **解義** 일 처리가 개인적인 감정이 없고 공정하고 바르다.

대기만성 大器晚成

[큰대 · 그릇기 · 늦을만 · 이룰성]

- **出典** 《노자老子》
- **文意** 큰 그릇은 늦게 만들어진다.
- **解義** 큰 일이나 큰 인물은 쉽게 만들어지지 않고 온갖 어려움을 거친 후에야 비로소 이루어진다.

담소자약 【談笑自若】
근심되는 일이나 놀라운 일을 당했을 때에도 이야기하고 웃고 하는 것이 평소의 태도와 조금도 다름이 없음 *〈三國吳志〉

대풍가 大風歌
【 큰대 · 바람풍 · 노래가 】

出典 《사기史記》
文意 큰 바람이 불어 구름을 흩날린다.
解義 한 고조 유방의 뜻을 읊은 노래.

도원결의 桃園結義
【 복숭아도 · 동산원 · 맺을결 · 의의 】

出典 《삼국지연의三國志演義》
文意 복숭아나무가 심어진 정원에서 의형제를 맺음.
解義 《삼국지연의》에 등장하는 유비 · 관우 · 장비가 의형제를 맺은 것을 말함.

도원경 桃源境
【 복숭아도 · 도원원 · 지경경 】

出典 《도화원시병기桃花源詩竝記》
文意 속세를 떠난 별천지.
解義 이상향의 세계를 뜻함.

도삼이사 【桃三李四】
복숭아나무는 3년, 오얏나무는 4년을 길러야 수확할 수 있다는 뜻. 무슨 일이든 이루어지는 데에는 그에 따른 시간이 필요하다는 말

도주지부 陶朱之富

[질그릇도 · 붉을주 · 갈지 · 부자부]

- 出典 《사기史記》
- 文意 도주공의 부富.
- 解義 중국에서 최고의 부자를 뜻하는 말.

도청도설 道聽塗說

[진흙도 · 들을청 · 진흙도 · 말씀설]

- 出典 《논어論語》
- 文意 큰 길에서 듣고 작은 길에서 말한다.
- 解義 길에서 듣고 말하는 것은 경박한 행동이라는 것.

도 탄 塗 炭

[진흙도 · 숯탄]

- 出典 《서경書經》
- 文意 진흙 수렁이나 숯불에 떨어진 고통.
- 解義 견디기 힘듦을 이름.

도중예미 【途中曳尾】
거북은 죽어서 귀히 되기보다는 진흙이나 갯벌에 꼬리를 끌며 살더라도 오래 사는 것이 마음이 편안하고 즐겁다는 데서 나온 말

독안룡   獨眼龍

[홀로독 · 눈안 · 용룡]

- 出典 《오대사五代史》
- 文意 눈이 하나이지만 용기 있는 사람.
- 解義 사납고 용맹한 장수를 일컬음.

동식서숙   東食西宿

[동녘동 · 먹을식 · 서녘서 · 잘숙]

- 出典 《태평어람太平御覽》
- 文意 동쪽에서 먹고 서쪽에서 잔다.
- 解義 부평초와 같은 떠돌이 신세를 의미한다.

동병상련   同病相憐

[한 가지동 · 병들병 · 서로상 · 사랑할련]

- 出典 《오월춘추吳越春秋》
- 文意 같은 병을 앓고 있는 사람끼리 서로 동정한다.
- 解義 처지가 비슷한 사람끼리 상대를 동정함.

독불장군 【獨不將軍】
혼자서는 장군이 될 수 없음. 혼자 잘난 체하며 뽐내면 남에게 핀잔받고 고립된 처지에 놓임을 이르는 말

동취 銅臭

[구리동 · 냄새취]

- **出典**: 《십팔사략十八史略》
- **文意**: 돈 냄새가 난다.
- **解義**: 돈으로 관직을 산 사람을 비웃을 때 쓰는 말.

동호직필 董狐直筆

[동독할동 · 여우호 · 곧을직 · 붓필]

- **出典**: 《춘추좌씨전春秋左氏傳》
- **文意**: 동호의 곧은 붓.
- **解義**: 죽음을 두려워하지 않고 있는 그대로의 역사를 기록한 동호의 곧은 붓을 뜻함.

두주불사 斗酒不辭

[말두 · 술주 · 아니불 · 말씀사]

- **出典**: 《십팔사략十八史略》
- **文意**: 말 술을 사양하지 않음.
- **解義**: 주군을 구하기 위해 말 술을 사양하지 않고 마심.

동분서주 【東奔西走】
이리저리 분주히 돌아다니고 여가가 없음

득롱망촉 得隴望蜀

[얻을득 · 밭두렁롱 · 바랄망 · 고을이름촉]

- 出典: 《후한서後漢書》
- 文意: 농서 지방을 얻자 촉의 땅을 바란다.
- 解義: 사람의 욕심이 끝없음을 나타내는 말.

득어망전 得魚忘筌

[얻을득 · 고기어 · 잊을망 · 다래끼전]

- 出典: 《장자莊子》
- 文意: 고기를 잡으면 통발을 잊어버린다.
- 解義: 어떤 일에 대한 목적이 달성되면 그것을 위해 사용한 것을 잊어버린다는 뜻.

등용문 登龍門

[오를등 · 용용 · 문문]

- 出典: 《후한서後漢書》
- 文意: 입신 출세의 관문을 나타냄.
- 解義: 뜻을 크게 펴서 영달하는 것에 비유.

동호지필 【董狐之筆】
정확한 내용의 기록. 권력을 두려워하지 않고 사실을 있는 그대로 적어 역사에 남기는 일
*〈春秋左氏傳〉

마이동풍　　馬耳東風
[말마 · 귀이 · 동녘동 · 바람풍]

- **出典** 《답왕거일한야독작유회答王去一寒夜獨酌有懷》
- **文意** 말의 귀를 스치는 동풍.
- **解義** 다른 사람의 의견이나 충고 등을 전혀 상대하지 않거나, 이쪽에서 아무리 떠들어도 상대에게 아무런 반응도 주지 않는 것을 형용한 말이다.

막역지우　　莫逆之友
[말막 · 거스를역 · 어조사지 · 친구우]

- **出典** 《장자莊子》
- **文意** 거스름이 없는 친구.
- **解義** 마음이 맞는 절친한 친구를 뜻한다.

만가　　挽歌
[당길만 · 노래가]

- **出典** 《춘추좌씨전春秋左氏傳》
- **文意** 수레를 끌며 부르는 노래.
- **解義** 본래의 상여를 메고 갈 때에 죽은 자를 애도하여 부르는 노래를 말한다.

마부작침【磨斧作針】
도끼를 갈아서 바늘을 만든다는 뜻. 아무리 어려운 일이라도 참고 계속하면 반드시 성공한다는 말　　　　　　　　　　　　*〈唐書〉

만사휴의 　萬事休矣
【 일만만 · 일사 · 쉴휴 · 어조사의 】

- **出典** 《송사宋史》
- **文意** 체념의 상태.
- **解義** 온갖 수단과 방법을 사용해 보았지만 해결할 수 없는 상태에 직면했을 때에 사용하는 말.

만전지책 　萬全之策
【 일만만 · 온전전 · 갈지 · 꾀책 】

- **出典** 《후한서後漢書》
- **文意** 상황에 맞는 계책.
- **解義** 작은 틈도 찾을 수 없는 완벽한 계책.

망국지음 　亡國之音
【 망할망 · 나라국 · 갈지 · 소리음 】

- **出典** 《예기禮記》
- **文意** 망한 나라의 음악.
- **解義** 나라를 망하게 하는 해로운 음악.

만패불청【萬覇不聽】
바둑에서 아무리 큰 패가 생기더라도 이에 응하지 않음. 아무리 집적거려도 응하지 않고 고집을 부린다는 말

맥수지탄　麥秀之嘆
【 보리맥 · 빼어날수 · 갈지 · 탄식할탄 】

出典 《사기史記》
文意 보리가 패는 것을 탄식한다.
解義 나라가 멸망하는 것을 탄식한다는 뜻이다.

맹모삼천　孟母三遷
【 맏맹 · 어머니모 · 석삼 · 옮길천 】

出典 《후한서後漢書》
文意 맹자孟子의 어머니가 자식의 교육을 위해 세 번을 이사했다.
解義 맹자孟子는 어렸을 때부터 어머니 슬하에서 자랐다. 그의 어머니는 자식의 교육을 위해서는 어떤 희생을 무릅쓰고 훌륭한 인간으로 키우고자 노력하였다. 그러한 집념으로 아들을 위해 세 번씩이나 이사하게 된 것이다.

맹자정문【盲者正門】
소경이 정문을 바로 찾아 들어감. 어리석은 사람이 어쩌다 이치에 들어맞는 바른 일을 하는 것의 비유

맹인모상　盲人摸象

[장님맹 · 사람인 · 모방모 · 코끼리상]

- **出典** 《열반경涅槃經》
- **文意** 소경이 코끼리를 만짐.
- **解義** 소경 여럿이서 코끼리를 만지고 자신이 만진 부분으로 전체를 알려고 함.

명경지수　明鏡止水

[밝을명 · 거울경 · 그칠지 · 물수]

- **出典** 《장자莊子》
- **文意** 밝은 거울과 조용한 물.
- **解義** 한 점의 티나 흔들림이 없는 거울과 물처럼 맑고 고요한 마음을 가리킨다.

모 순　矛 盾

[창모 · 방패순]

- **出典** 《한비자韓非子》
- **文意** 창과 방패.
- **解義** 언행이 일치하지 않음.

명경홍모 【命輕鴻毛】
중대한 일이 닥쳤을 때 귀중한 목숨을 기러기의 털보다 더 가볍게 버린다는 뜻으로 목숨을 아까워하지 않음을 비유하여 씀　　　*〈文選〉

목탁 — 木鐸
[나무목 · 큰방울탁]

- **出典**: 《논어論語》
- **文意**: 나무 방울.
- **解義**: 문교에 관한 명령을 내릴 때에 울리는 방울.

무산지몽 — 巫山之夢
[무당무 · 뫼산 · 갈지 · 꿈몽]

- **出典**: 송옥宋玉의 《고당부高唐賦》
- **文意**: 무산에서 꾼 꿈.
- **解義**: 남녀의 밀회나 은밀한 정사를 가리키는 말.

무용지용 — 無用之用
[없을무 · 쓸용 · 갈지 · 쓸용]

- **出典**: 《장자莊子》
- **文意**: 쓸모없는 것도 쓸 데가 있다.
- **解義**: 쓸모없는 사람이라고 여겼는데 작은 재주가 있다는 의미.

무언거사 【無言居士】

교양이 높아 수다스럽지 않은 사람을 좋게 이르는 말. 구변이 없어서 의사 표시를 못하는 사람을 빈정거리는 말이기도 함

묵 수   墨守

[잠잠할묵 · 지킬수]

出典 《묵자墨子》
文意 묵자가 지킨다.
解義 자신의 의견을 굽히지 않고 지킨다.

문경지교   刎頸之交

[목벨문 · 목경 · 의지 · 사귈교]

出典 《사기史記》
文意 목을 벨 정도의 지경에도 생사를 함께 할 친구.
解義 생사를 함께 하는 매우 절친한 친구의 교제를 뜻함

문경지치   文景之治

[글월문 · 밝을경 · 갈지 · 다스릴치]

出典 《사기史記》
文意 문제와 경제의 정치.
解義 중국의 번영시대를 상징하는 말이다.

무족지언 비천리【無足之言飛千里】
발 없는 말이 천리 감. 한번 한 말은 저절로 퍼지니 말을 가려서 조심하라는 말

문일지십 聞一知十
[들을문 · 한일 · 알지 · 열십]

- 出典: 《논어論語》
- 文意: 하나를 들으면 열을 안다.
- 解義: 한 부분을 통해 전체를 안다는 뜻.

문전성시 門前成市
[문문 · 앞전 · 이룰성 · 저자시]

- 出典: 《한서漢書》
- 文意: 문 앞이 시장터와 같다.
- 解義: 세도가 있어 찾아오는 사람이 많아 마치 시장 바닥처럼 붐빈다는 뜻.

문전작라 門前雀羅
[문문 · 앞전 · 참새작 · 벌일라]

- 出典: 《사기史記》
- 文意: 문 앞에 참새 그물을 친다는 말.
- 解義: 방문객의 발길이 끊어지는 것을 뜻함.

문정경중 【問鼎輕重】
황제의 상징물인 구정(九鼎)의 무게를 묻는다는 뜻으로 남을 얕보는 것을 비유하여 이르는 말
*〈左傳〉

물의 物議
【 물건물 · 의논의 】

- **出典** 《한서漢書》
- **文意** 여러 사람의 평판을 뜻함.
- **解義** 세상 사람들의 공론이나 논의.

미망인 未亡人
【 아닐미 · 죽을망 · 사람인 】

- **出典** 《춘추좌씨전春秋左氏傳》
- **文意** 남편을 따라 죽지 못한 여인.
- **解義** 홀몸이 된 여인을 말함. 이것은 스스로가 남편을 따라 죽어야 하는데 아직도 살아 있다는 것을 겸손한 마음으로 말하는 것이다.

미봉 彌縫
【 기울미 · 기울봉 】

- **出典** 《춘추좌씨전春秋左氏傳》
- **文意** 터진 옷을 임시로 꿰맴.
- **解義** 모자라는 부분을 때우고 잇는다. 요즘에는 대충 눈어림으로 꾸며 넘기는 것을 뜻한다.

미봉만환 【彌縫憂患】
꿰매고 기운 것이 흩어지고 엉킴. 그때그때 겨우 발라 맞춰 나가던 일이 어떻게 할 수 없을 만큼 얽히고 설킴

미생지신　尾生之信

[꼬리미·낳을생·갈지·믿을신]

出典 《사기史記》
文意 작은 약속.
解義 쓸데없는 약속을 뜻한다.

마고소양【麻姑搔痒】
마고가 긴 손톱으로 가려운 데를 긁는다는 뜻. 원하는 일이 뜻대로 시원스럽게 잘되어 감을 이르는 말

마맥분리【磨麥分梨】
보리를 갈아 가루로 만든 꿈을 꾸고 잃었던 남편을 찾음. 배(과일)를 쪼갠 꿈을 꾸니 잃었던 아들이 돌아왔다는 고사에서 온 말

막천석지【幕天席地】
하늘을 장막으로 삼고 땅을 자리로 삼는다는 말. 천지를 자기의 처소로 삼는 마음이 웅대함을 이르는 말　　　　　　　　　　*〈劉伶의 酒德頌〉

민생어삼【民生於三】
인간은 아버지와 스승과 임금의 덕으로 이 세상에 생존하고 있으므로 이 세 사람에게 봉사해야 한다는 뜻　　　　　　　　　　　*〈國語〉

밀운불우【密雲不雨】
짙은 구름이 끼어 있으나 비가 오지 않는다는 말. 어떤 일의 징조만 있고 그 일은 이루어지지 않음의 비유　　　　　　　　　　　*〈易經〉

반간 反間
[돌이킬반 · 사이간]

- 出典 《손자孫子》
- 文意 적 사이를 이간한다.
- 解義 이중간첩이다.

반골 反骨
[거꾸로반 · 뼈골]

- 出典 《삼국지三國志》
- 文意 뼈가 거꾸로 되어 있다.
- 解義 모반을 뜻한다.

반근착절 槃根錯節
[쟁반반 · 뿌리근 · 섞일착 · 마디절]

- 出典 《후한서後漢書》
- 文意 서린 뿌리와 섞인 마디.
- 解義 얽히고 설켜 해결의 실마리를 찾지 못하는 어려운 일을 비유함.

박옥혼금 【璞玉渾金】
아직 갈지 않은 옥과 제련하지 않은 금이라는 뜻.

반식재상 伴食宰相

[짝반 · 먹을식 · 재상재 · 정승상]

- 出典 《당서唐書》
- 文意 자리만 지키는 무능한 재상.
- 解義 재능이 없으면서 유능한 재상 옆에 붙어 정사를 처리하는 재상을 가리킴.

발본색원 拔本塞源

[뽑을발 · 근본본 · 막을색 · 근원원]

- 出典 《춘추좌씨전春秋左氏傳》
- 文意 뿌리를 뽑아 근원을 없앤다.
- 解義 근본적으로 폐해를 일으키는 근원을 제거함.

발호 跋扈

[밑동발 · 넓을호]

- 出典 《후한서後漢書》
- 文意 통발을 뛰어넘는다.
- 解義 제멋대로 날뛰는 것을 뜻함.

백구과극 【白駒過隙】
인생이 야속하게도 덧없이 짧음을 일컬음. 흰 망아지가 빨리 달리는 것을 문틈으로 보는 것과 같이 눈깜짝할 사이라는 뜻

방약무인 傍若無人
【 곁방 · 같을약 · 없을무 · 사람인 】

- **出典** 《사기史記》
- **文意** 곁에 아무도 없는 것처럼 멋대로 행동함.
- **解義** 건방지고 무례한 행동.

배반낭자 杯盤狼藉
【 잔배 · 소반반 · 어지러울랑 · 자리자 】

- **出典** 《사기史記》
- **文意** 술잔과 그릇이 아무렇게나 널려 있음.
- **解義** 난잡한 술자리의 모습.

배수진 背水陣
【 등배 · 물수 · 진진 】

- **出典** 《사기史記》
- **文意** 물을 등쪽에 두고 진을 침.
- **解義** 최후의 일전을 도모하기 위해 비장한 각오로 싸울 준비를 함.

배사간금 【排沙簡金】
문장이 잘된 곳을 평할 때 쓰는 말. 모래를 헤치면 햇빛을 받아 금빛이 빛나는 것과 같음을 이르는 말
*〈世說〉

배중사영   杯中蛇影

[잔배 · 가운데중 · 뱀사 · 그림자영]

- **出典** 《풍속통風俗通》
- **文意** 잔 속에 비친 뱀 그림자.
- **解義** 쓸데없이 의심하여 근심을 만든다.

백년하청   百年河淸

[일백백 · 해년 · 물하 · 맑을청]

- **出典** 《춘추좌씨전春秋左氏傳》
- **文意** 황하의 물이 맑아지기를 기다림.
- **解義** 아무리 기다려도 실현 가능성이 없는 일을 뜻함.

백면서생   白面書生

[흰백 · 얼굴면 · 글서 · 서생생]

- **出典** 《송서宋書》
- **文意** 얼굴이 하얀 서생.
- **解義** 세상 경험이 전혀 없는 서생을 일컬음. 또는 경험은 없고 이론만 내세우는 자를 뜻하기도 함.

백운고비【白雲孤飛】
멀리 떠나는 자식이 어버이를 그리워함   *〈唐書〉

백문불여일견　百聞不如一見
【 일백백 · 들을문 · 아니불 · 같을여 · 한일 · 볼견 】

- 出典　《한서漢書》
- 文意　백 번 듣는 것은 한 번 보는 것만 못하다.
- 解義　풍문으로 들은 것보다 직접 눈으로 확인하는 것이 바람직하다는 뜻.

백미　白眉
【 흰백 · 눈썹미 】

- 出典　《삼국지三國志》
- 文意　흰 눈썹, 흰 눈썹을 가진 사내.
- 解義　여럿 가운데서 뛰어남을 이르는 말.

백발백중　百發百中
【 일백백 · 쏠발 · 일백백 · 가운데중 】

- 出典　《사기史記》
- 文意　백 번 쏘아 백 번 맞추다.
- 解義　일이나 계획하고 있던 바가 뜻한 대로 적중하다.

백화제방【百花齊放】
많은 꽃이 한꺼번에 핌. 갖가지 학문이나 사상이 개방적으로 발표됨을 비유하여 이르는 말

백발삼천장　白髮三千丈

[흰백 · 터럭발 · 석삼 · 일천천 · 어른장]

- 出典　《추포음秋浦吟》
- 文意　흰 머리털이 삼천 장이나 되다.
- 解義　근심이 깊다. 너무 늙었음을 탄식한다.

백아절현　伯牙絶絃

[맏백 · 어금니아 · 끊을절 · 줄현]

- 出典　《열자列子》
- 文意　백아가 거문고의 줄을 끊는다.
- 解義　자기를 알아 주는 참다운 벗의 죽음을 슬퍼하는 것을 뜻한다.

법삼장　法三章

[법법 · 석삼 · 법장]

- 出典　《사기史記》
- 文意　세 조목의 법.
- 解義　진나라의 잔혹하고 번잡스러운 법을 대신한 간단 명료한 법.

병가상사【兵家常事】
전쟁에서 이기고 지는 것은 보통 있는 일이라는 뜻. 실패는 흔히 있는 일이니 낙심할 것이 없다는 의미로 씀

병문졸속 兵聞拙速

[군사병 · 들을문 · 못날졸 · 빠를속]

出典 《손자병법孫子兵法》
文意 전투는 속전속결이다.
解義 싸움에 있어서는 단기전으로 성공한 일은 있지만, 결코 오래 끌어 성공한 예는 없다.

병입고황 病入膏肓

[병병 · 들입 · 기름칠고 · 명치끝황]

出典 《춘추좌씨전春秋左氏傳》
文意 병이 고황에 들다.
解義 병이 깊어져 고치기 어려움을 이르는 말.

복수불반 覆水不返

[엎을복 · 물수 · 아닐불 · 돌이킬반]

出典 《습유기拾遺記》
文意 엎지른 물은 돌이켜 담을 수 없다.
解義 일단 저지른 일을 되돌릴 수 없음을 뜻한다.

복거지계 【覆車之戒】
앞의 수레가 엎어지는 것을 보고 뒷수레가 조심한다는 뜻. 앞사람의 실패를 거울삼아 뒷사람은 경계하라는 말

부마 駙馬

[곁말부 · 말마]

- **出典** 《수신기搜神記》
- **文意** 예비로 준비해 둔 말.
- **解義** 공주의 남편을 지칭.

부중지어 釜中之魚

[솥부 · 가운데중 · 어조사지 · 물고기어]

- **出典** 《자치통감資治通鑑》
- **文意** 솥 안의 물고기.
- **解義** 생명이 오래 남지 않은 사람을 뜻하기도 하고, 동물을 비유하기도 한다.

분서갱유 焚書坑儒

[불사를분 · 글서 · 구덩이갱 · 선비유]

- **出典** 《사기史記》
- **文意** 책을 불사르고 유생들을 구덩이에 묻다.
- **解義** 서적과 학자들을 탄압하는 행위.

부귀부운 【富貴浮雲】
부귀는 뜬구름과 같음. 부정하게 지위나 재물을 얻어 봤자 그것은 덧없는 뜬구름과 같음
*《論語》

불사약　不死藥

[아니불 · 죽을사 · 약약]

- 出典　《십팔사략十八史略》
- 文意　죽지 않는 약.
- 解義　죽음을 피할 수 있는 약.

불입호혈 부득호자　不入虎穴不得虎子

[아니불 · 들입 · 범호 · 굴혈 · 아이불 · 얻을득 · 범호 · 아들자]

- 出典　《후한서後漢書》
- 文意　호랑이 굴에 들어가야 호랑이 새끼를 잡는다.
- 解義　일단의 모험을 하지 않는 한 아무 것도 얻을 수 없다는 뜻.

불초　不肖

[아니불 · 닮을초]

- 出典　《맹자孟子》
- 文意　닮지 않았다.
- 解義　아버지를 닮지 않아 현명하지 못하고 어리석음.

불로불사【不老不死】
사람이 늙지도 죽지도 않고 오래 삶

불혹 不惑
[아니불 · 미혹할혹]

- **出典** 《논어論語》
- **文意** 세상의 일에 혹하지 않음.
- **解義** 나이 마흔을 가리킴.

붕정만리 鵬程萬里
[붕새붕 · 길정 · 일만만 · 마을리]

- **出典** 《장자莊子》
- **文意** 붕새는 단숨에 만 리를 날아간다.
- **解義** 원대한 계획이나 사업.

비방지목 誹謗之木
[중얼거릴비 · 나무랄방 · 갈지 · 나무목]

- **出典** 《사기史記》
- **文意** 남을 헐뜯어 비방하는 나무.
- **解義** 군왕의 실정을 지적하여 그 잘못을 글로 적어 기둥에 써 붙여 군왕이 보게 하는 나무.

비전지죄 【非戰之罪】
항우가 해하(垓下)의 싸움에 패하고 한탄한 말로, 일을 잘못한 것이 아니라 힘을 다했으나 운수가 나빠서 성공 못한 것임을 탄식한 말

비육지탄　髀肉之嘆

【 넓적다리비 · 고기육 · 어조사지 · 탄식할탄 】

- **出典** 《삼국지三國志》
- **文意** 넓적다리 살을 탄식하다.
- **解義** 마땅히 해야 할 일을 하지 않고 허송세월하는 것을 비유한다.

빈자일등　貧者一燈

【 가난할빈 · 사람자 · 한일 · 등불등 】

- **出典** 《현우경賢愚經》
- **文意** 가난한 자가 밝힌 등불.
- **解義** 가난하지만 정성을 다해 불을 밝힘.

빙탄불상용　氷炭不相容

【 얼음빙 · 숯탄 · 아니불 · 서로상 · 얼굴용 】

- **出典** 《초사楚辭》
- **文意** 얼음과 불은 용납을 못한다.
- **解義** 서로 상반되어 도저히 융화될 수 없음.

빈계지신【牝鷄之晨】
암탉이 울어 때를 알린다는 뜻. 음양의 이치가 바뀌어 집안이 망할 징조라 함. 곧 아내가 남편의 권리를 빼앗음을 비유한 말　　　*〈書經〉

사면초가 　四面楚歌
[넉사 · 쪽면 · 초나라초 · 노래가]

出典 《사기史記》
文意 사방에서 초나라의 노랫소리가 들린다.
解義 적에게 완전히 포위되어 탈출구가 없음. 사면이 적뿐이고 돕는 자가 없다.

사이비　　似而非
[같을사 · 말이을이 · 아니비]

出典 《맹자孟子》
文意 겉과 속이 다름.
解義 겉으로 보아서는 진짜인 듯하나 근본적으로 속이 다른 가짜를 가리킴.

사족　　蛇足
[뱀사 · 발족]

出典 《전국책戰國策》《사기史記》
文意 뱀의 발.
解義 쓸데없는 손질을 함. 공연히 손을 대어 긁어 부스럼을 만듦. 일을 그르칠 때에 비유로 쓰는 말.

사귀일성【四歸一成】
본래 넷이 있던 것이 결과적으로 하나를 이룸. 목화 네 근이 솜 한 근으로, 수삼(水蔘) 네 근이 건삼 한 근으로 되는 것과 같음

사지　　四 知
[넉사 · 알지]

- **出典** 《십팔사략+八史略》
- **文意** 하늘과 땅과 너와 내가 안다.
- **解義** 세상에 비밀은 없다는 뜻.

살신성인　　殺身成仁
[죽일살 · 몸신 · 이룰성 · 어질인]

- **出典** 《논어論語》
- **文意** 자신의 몸을 희생하여 인仁을 이룸.
- **解義** 몸을 바쳐 올바른 도리를 이룬다는 의미.

삼고초려　　三顧草廬
[석삼 · 돌아볼고 · 풀초 · 풀집려]

- **出典** 《삼국지연의三國志演義》
- **文意** 초가집을 세 번 찾아가다.
- **解義** 유비가 제갈량을 세 번 찾아가 그를 군사軍師로 초빙함. 머리 숙여 널리 인재를 구할 때에 사용되는 말이다.

삼세지습지우팔십【三歲之習至于八十】
세 살 버릇 여든까지 간다는 뜻으로 어릴 적 버릇은 늦도록 고치기 어렵다는 말
*〈耳談續纂〉

삼십육계　三十六計

[석삼 · 열십 · 여섯육 · 셈계]

- 出典　《남제서南齊書》《진서晉書》
- 文意　서른여섯 가지의 계책.
- 解義　이중에서 최우선으로 치는 것이 '주위상走爲上'이다. 형세가 불리할 때는 도망치는 것이 상책이라는 뜻이다.

삼인성호　三人成虎

[석삼 · 사람인 · 이룰성 · 범호]

- 出典　《전국책戰國策》
- 文意　세 사람이 거리에 호랑이가 나타났다고 하면 믿게 된다.
- 解義　뜬소문이 진상을 덮는다.

상가지구　喪家之狗

[초상상 · 집가 · 갈지 · 개구]

- 出典　《사기史記》
- 文意　상갓집 개.
- 解義　초라한 모습으로 먹을 것을 찾아 이쪽 저쪽으로 헤매는 사람.

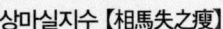

상마실지수【相馬失之瘦】
말의 우열을 가름할 때 야윈 말은 제쳐놓는다는 뜻으로 아무리 훌륭한 인재라도 가난하면 올바른 평가를 받을 수 없다는 말　　　　*《史記》

상사병 相思病

[서로상 · 생각사 · 병병]

- 出典: 《수신기搜神記》
- 文意: 사랑을 이루지 못해 생긴 병.
- 解義: 서로가 애틋하게 생각하는 병.

상전벽해 桑田碧海

[뽕나무상 · 밭전 · 푸를벽 · 바다해]

- 出典: 《신선전神仙傳》〈태평어람太平御覽〉
- 文意: 뽕나무밭이 바다로 변하다.
- 解義: 세상이 몰라볼 정도로 바뀌다.

새옹지마 塞翁之馬

[변방새 · 늙은이옹 · 어조사지 · 말마]

- 出典: 《회남자淮南子》
- 文意: 변방 늙은이의 말.
- 解義: 인생의 길흉화복吉凶禍福이 무상하여 예측할 수 없음을 가리키며, 전화위복轉禍爲福과 같은 의미다.

색즉시공 공즉시색 【色卽是空空卽是色】
색에 의해서 표현된 모든 유형의 사물은 공허한 것이며, 공허한 것은 유형의 사물과 다르지 않다는 뜻   *〈般若心經〉

선입견 先入見
[먼저선 · 들입 · 볼견]

- **出典** 《한서漢書》
- **文意** 먼저 들어온 생각.
- **解義** 고정관념으로 인해 다른 의견을 받아들이지 않음.

선즉제인 先則制人
[먼저선 · 법칙즉 · 지을제 · 사람인]

- **出典** 《사기史記》
- **文意** 선수를 치면 제압할 수 있다.
- **解義** 일을 도모하려면 무엇보다 선수를 치는 것이 중요하다.

소규조수 蕭規曹隨
[통소소 · 그림쇠규 · 무리조 · 따를수]

- **出典** 《사기史記》
- **文意** 소하가 제정한 법령·제도를 조참이 그대로 이어받아 지킨다는 뜻이다.
- **解義** 국정을 담당하는 사람은 정치상의 규정이나 제도를 간소화해서 백성을 안심시키지 않으면 국가를 안정시킬 수 없다는 뜻.

손자삼요 【損者三樂】
인생의 삼요 중 교만하게 굴기를 좋아하고, 한가하게 놀기를 좋아하고, 늘 주색의 향연을 좋아함은 곧 세 가지 손해라는 말   *〈論語〉

송양지인　宋襄之仁

[송나라송 · 도울양 · 갈지 · 어질인]

出典　《십팔사략十八史略》
文意　송양의 어짊.
解義　무익한 인정을 뜻함.

수구초심　首丘初心

[머리수 · 언덕구 · 처음초 · 마음심]

出典　《예기禮記》
文意　여우가 죽을 때엔 자기가 살던 곳을 향해 머리를 둔다.
解義　근본을 잊지 않음.

수서양단　首鼠兩端

[머리수 · 쥐서 · 둘량 · 끝단]

出典　《사기史記》
文意　구멍에서 쥐가 머리만 내밀고 밖으로 나갈까 말까를 망설임.
解義　어떤 일에 대해 결단을 내리지 못함.

수지오지자웅【誰知烏之雌雄】
'누가 까마귀의 암수를 구별할 수 있겠는가' 란 뜻으로 양인의 옳고 그름을 가릴 수 없음을 이르는 말　　　　　　　　　　*《詩經》

수석침류 漱石枕流

[이 닦을수 · 돌석 · 베개침 · 흐를류]

出典 《진서晉書》
文意 돌로 이를 닦고 물로 베개 삼는다.
解義 자기의 말이 틀렸는데도 끝까지 우김.

순망치한 脣亡齒寒

[입술순 · 죽일망 · 이치 · 찰한]

出典 《춘추좌씨전春秋左氏傳》
文意 입술이 없으면 이가 시리다.
解義 이해 관계가 얽히어 있는 사이에서 한 쪽이 망하면 다른 쪽도 잘못 된다는 것.

식언 食言

[먹을식 · 말씀언]

出典 《서경西經》〈탕서湯書〉
文意 말을 먹음.
解義 말을 밥 먹듯이 번복하는 것.

신약불승의 【身若不勝衣】
몸이 약하여 옷을 입고 다니는 것조차 힘들어 보인다는 뜻으로 매우 두려워 삼가는 모양을 이름   *〈荀子〉

식자우환 識字憂患

[알식·글자자·근심우·근심환]

出典 《삼국지연의三國志演義》
文意 글자를 아는 것이 오히려 근심이다.
解義 서투른 지식 때문에 오히려 일을 망치게 되었음을 비유하는 말.

식지동 食指動

[먹을식·손가락지·움직일동]

出典 《춘추좌씨전春秋左氏傳》
文意 식지가 움직인다.
解義 음식이나 사물에 대한 욕심을 품는 것을 말함.

신출귀몰 神出鬼沒

[귀신신·날출·귀신귀·숨을몰]

出典 《회남자淮南子》
文意 신이 나타나고 귀신이 돌아다닌다.
解義 귀신같이 출입이 자유자재여서 예측할 수가 없음.

신토불이 【身土不二】
몸과 태어난 땅은 하나라는 뜻으로 같은 땅에서 산출된 것이라야 체질에 잘 맞는다는 말

실사구시 實事求是

[참실·일사·구할구·옳을시]

- **出典** 《한서漢書》
- **文意** 참다운 일과 옳은 것을 찾음.
- **解義** 사실을 토대로 진리를 구함.

사장선사마 【射將先射馬】
적장을 쓰러뜨리려면 그가 타고 있는 말부터 쏴라. 일을 이루려면 상대가 가장 믿고 의지하는 것부터 노리라는 말 *〈杜甫의 詩〉

삼수갑산 【三水甲山】
함경남도에 있는 삼수와 갑산이 지형이 험하고 교통이 불편하여 가기 어려운 곳이라는 뜻에서 몹시 어려운 지경을 비유하여 이르는 말

선망건 후세수 【先網巾後洗手】
망건을 쓰고 세수를 한다는 뜻으로 일의 앞뒤가 바뀌었음 *〈旬五志〉

세리지교 【勢利之交】
권세나 이익을 얻기 위한 사귐 *〈文中子〉

소년이로 학난성 【少年易老學難成】
소년은 늙기 쉬우나 학문을 이루기는 어렵다는 말 *〈朱文公文集〉

십벌지목 【十伐之木】
'열 번 찍어서 안 넘어가는 나무가 없다'는 뜻. 아무리 심지가 굳은 사람이라도 여러 번 유인하면 결국은 마음을 돌리게 된다는 말 *〈旬五志〉

안 도 　　安 堵
[편안안 · 담도]

- 出典 《사기史記》
- 文意 담장 안에서 편히 쉴 수 있다.
- 解義 아무 걱정 없이 편히 쉴 수 있음을 말함.

암중모색 　　暗中摸索
[어두울암 · 가운데중 · 더듬을모 · 찾을색]

- 出典 《당서唐書》
- 文意 어둠 속에서 더듬어 찾는다.
- 解義 확실한 방법을 몰라 어림잡아 찾음.

앙급지어 　　殃及池魚
[재앙앙 · 미칠급 · 못지 · 고기어]

- 出典 《여씨춘추呂氏春秋》
- 文意 재난이 못 속의 고기에 미친다.
- 解義 뜻하지 않은 곳에 재난이 미침을 뜻함.

아비규환 【阿鼻叫喚】
아비지옥과 규환지옥. 참혹한 고통 가운데서 살려달라고 울부짖는 상태를 이르는 말
*〈法華經〉

앙천대소 仰天大笑
[우러러볼앙·하늘천·큰대·웃음소]

- **出典** 《십팔사략十八史略》
- **文意** 하늘을 우러러 크게 웃음.
- **解義** 당치 않은 생각이나 행동을 보고 어이없이 크게 웃음.

약관 弱冠
[약할약·관관]

- **出典** 《예기禮記》
- **文意** 스무 살.
- **解義** 아직도 몸이 건장하지 못하기 때문에 붙인 이름이다. 비로소 성인이 되었다는 뜻.

양두구육 羊頭狗肉
[양양·머리두·개구·고기육]

- **出典** 《안자춘추晏子春秋》, 〈광무제光武帝의 조서〉
- **文意** 양머리를 걸어놓고 개고기를 판다.
- **解義** 겉에는 좋은 품질을 내놓고 나쁜 물건을 파는 것. 사실과 다른 선전과 판매.

약합부절【若合符節】
꼭 들어맞아 조금도 틀리지 아니함. 부절은 옥에 글자를 새겨 양분해서 두 사람이 하나씩 나누어 가졌다가 나중에 신표로 썼음   *〈孟子〉

양상군자 　梁上君子

[대들보양 · 높은상 · 임금군 · 남자자]

- 出典 《후한서後漢書》
- 文意 대들보 위의 군자.
- 解義 도둑놈을 뜻함. 다른 말로는 대들보 위를 달려가는 생쥐를 일컫는다.

양약고구 　良藥苦口

[좋을양 · 약약 · 쓸고 · 입구]

- 出典 《공자가어孔子家語》,《사기史記》
- 文意 좋은 약은 입에 쓰다.
- 解義 좋은 약은 입에 쓰나 몸에는 이롭다는 뜻. 충신의 말은 귀에 거슬리나 행동에 이롭다는 뜻.

양포지구 　楊布之狗

[버들양 · 베포 · 갈지 · 개구]

- 出典 《한비자韓非子》
- 文意 양포의 개.
- 解義 사람의 겉모습만 보고 속까지 변했다고 생각함.

양호상투【兩虎相鬪】
두 마리의 호랑이가 서로 으르렁댐. 두 영웅 또는 두 강국은 공존하지 못함의 비유함　　　　　　　　　　　　　　　　　　　　　　*〈史記〉

어부지리　漁夫之利

[고기잡을어 · 사내부 · 갈지 · 이로울리]

- 出典 《전국책戰國策》
- 文意 어부가 이익을 얻다.
- 解義 도요새와 조개가 서로 싸우다가  어부에게 둘 다 잡힌다. 서로 이익을 보기 위해 다투는데 제삼자가 이익을 얻는다는 뜻이다.

엄이도령　掩耳盜鈴

[가릴엄 · 귀이 · 도적도 · 방울령]

- 出典 《여씨춘추呂氏春秋》
- 文意 귀를 막고 방울을 훔친다.
- 解義 자기만 듣지 않으면 다른 사람도 듣지 않을 줄 안다는 어리석음을 이르는 말.

역린　逆鱗

[거스를역 · 비늘린]

- 出典 《한비자韓非子》
- 文意 군주의 노여움.
- 解義 절대자의 치명적인 약점이나 허물을 건드림.

여출일구 【如出一口】
여러 사람의 말이 입을 맞춘 듯이 같음

*〈戰國策〉

연목구어　　　緣木求魚
[인연연 · 나무목 · 구할구 · 고기어]

- 出典　《맹자孟子》
- 文意　나무에서 물고기를 구함.
- 解義　불가능한 일을 억지로 하는 사람. 무리들의 생각이나 행동.

오리무중　　　五里霧中
[다섯오 · 마을리 · 안개무 · 가운데중]

- 出典　《후한서後漢書》
- 文意　오 리 사방이 안개 속이다.
- 解義　뭐가 뭔지 알 수가 없음. 어디에 있는지 찾을 수 없거나 갈피를 잡을 수 없음.

오십보백보　　　五十步百步
[다섯오 · 열십 · 걸음보 · 일백백 · 걸음보]

- 出典　《맹자孟子》
- 文意　오십 보와 백 보.
- 解義　도망을 치는 데엔 오십 보나 백 보나 본질적으로 같다는 말.

오비이락【烏飛梨落】
'까마귀 날자 배 떨어진다'는 뜻. 아무 관계없이 한 일이 공교롭게 다른 일과 무슨 관련이 있는 것처럼 혐의를 받게 됨　　　　　　*〈旬五志〉

오월동주 　　吳越同舟

[나라오 · 월나라월 · 한 가지동 · 배주]

- **出典** 《손자병법孫子兵法》
- **文意** 오나라, 월나라 사람이 한 배를 타다.
- **解義** 서로 원수처럼 지내는 사이나 좋지 않은 사람들이 한 자리에 있게 된 것을 의미한다.

오합지중 　　烏合之衆

[까마귀오 · 합할합 · 갈지 · 무리중]

- **出典** 《후한서後漢書》
- **文意** 까마귀가 떼를 지어 있음.
- **解義** 어중이 떠중이가 모여 질서가 없는 무리.

옥상옥 　　屋上屋

[집옥 · 높은상 · 집옥]

- **出典** 《세설신어世說新語》
- **文意** 지붕 위의 지붕.
- **解義** 공연한 일이나 헛수고를 뜻함.

오합지졸 【烏合之卒】
까마귀의 모임이란 뜻으로 갑자기 모아들인 어중이떠중이 군사. 맹목적으로 모여든 무리들을 이름　　　　　　　　　　　　　　*〈後漢書〉

옥석혼효   玉石混淆

[구슬옥 · 돌석 · 섞일혼 · 어지러울효]

出典 《포박자抱朴子》
文意 옥과 돌이 함께 섞이다.
解義 좋은 것과 나쁜 것이 섞이면
좋고 나쁨을 구별하지 못한다.

온고지신   溫故知新

[따뜻할온 · 예고 · 알지 · 새로울신]

出典 《논어論語》
文意 옛것을 익혀 새것을 앎.
解義 오래 된 것을 배워둔 후 새로운 것을 익히면 가히 다른 사람의 스승이 된다는 뜻.

와신상담   臥薪嘗膽

[누울와 · 섶신 · 맛볼상 · 쓸개담]

出典 《사기史記》
文意 섶에 누워 쓸개를 맛보다.
解義 복수를 하기 위해 온갖 어려운
일을 참고 견디다.

옹리혜계【甕裏醯鷄】
작은 항아리나 술독 속에 사는 날벌레라는 뜻으로 식견이 좁고 세상 물정을 잘 모르는 사람을 비유한 말   *〈莊子〉

와우각상쟁 蝸牛角上爭
【 달팽이와 · 소우 · 뿔각 · 높은상 · 다툴쟁 】

- 出典: 《장자莊子》
- 文意: 달팽이 뿔 위에서의 다툼.
- 解義: 아주 사소하고 보잘것없는 일로 싸우는 것.

완벽 完璧
【 온전할완 · 구슬벽 】

- 出典: 《사기史記》
- 文意: 티 없는 구슬.
- 解義: 모자라거나 부족함이 없어 흠 잡을 데가 없음.

왕후장상 영유종호 王侯將相寧有種乎
【 임금왕 · 제후후 · 장수장 · 정승상 · 어찌녕 · 있을유 · 씨앗종 · 어조사호 】

- 出典: 《사기史記》
- 文意: 왕, 제후, 장수, 대신이 어찌 씨가 있겠는가라는 말.
- 解義: 사람의 신분은 노력 여하에 따라 높게 될 수 있음을 뜻한다.

완물상지 【玩物喪志】
진귀한 물건에 정신이 팔려 본심을 잃어버린다는 뜻으로 물질에 집착하면 소중한 본심을 잃는다는 말
*〈書經〉

요령부득 要領不得
【 구할요 · 옷깃령 · 아니부 · 얻을득 】

- **出典**: 《사기史記》
- **文意**: 요령을 얻지 못하다.
- **解義**: 중요한 것을 얻지 못하고 빈 손으로 돌아오다.

용두사미 龍頭蛇尾
【 용룡 · 머리두 · 뱀사 · 꼬리미 】

- **出典**: 《벽암집碧巖集》
- **文意**: 용의 머리에 뱀의 꼬리.
- **解義**: 시작은 거창했지만 결국엔 보잘것없음을 뜻한다.

우공이산 愚公移山
【 어리석은우 · 마을공 · 옮길이 · 뫼산 】

- **出典**: 《열자列子》
- **文意**: 우공이 산을 옮기다.
- **解義**: 남 보기엔 어리석은 일처럼 보이지만 한 가지 일을 끝까지 밀고 나가면 목적을 달성할 수 있다는 뜻.

우도할계 【牛刀割鷄】
닭을 잡는 데에 어찌 소 잡는 칼을 쓰랴. 곧 조그만 일을 처리하는데 큰 도구를 사용함을 비유하여 씀   *〈論語〉

원교근공　遠交近攻
[멀원·사귈교·가까울근·칠공]

- 出典: 《전국책戰國策》《사기史記》
- 文意: 먼 곳은 사귀고 가까운 곳은 공격한다.
- 解義: 먼 곳과는 항시 친하게 지내고, 국경을 맞대고 있는 나라는 기회가 있는 대로 공격한다는 뜻.

월단평　月旦評
[달월·아침단·품평평]

- 出典: 《십팔사략十八史略》, 《후한서後漢書》
- 文意: 매달 초하룻날의 인물평.
- 解義: 점쟁이가 초하룻날에 인물평을 보며 운수를 헤아리는 일. 또는 점사占辭.

월하빙인　月下氷人
[달월·아래하·얼음빙·사람인]

- 出典: 《진서晉書》
- 文意: 월하노인과 빙상인을 합한 말.
- 解義: 중매꾼을 말함.

월조소남지【越鳥巢南枝】
남쪽 월나라에서 온 새는 조금이라도 고향에 가까운 남쪽 나뭇가지에 집을 짓는다는 뜻으로 고향을 잊지 못함의 비유　　　*〈古今詩話〉

은감불원 般鑑不遠

[은나라은·거울감·아니불·멀원]

出典 《시경詩經》
文意 은나라의 거울은 멀지 않다.
解義 이전의 실패를 거울로 삼는다.

읍참마속 泣斬馬謖

[울읍·벨참·말마·뛰어날속]

出典 《십팔사략十八史略》,《촉지蜀志》
文意 제갈량, 눈물흘리며 마속의 목을 베다.
解義 사사로운 정보다는 공정하게 법을 집행하다.

의심암귀 疑心暗鬼

[의심할의·마음심·어두울암·귀신귀]

出典 《열자列子》
文意 의심이 생기면 있지도 않은 귀신이 나온다.
解義 마음 속에 의심이 생기기 시작하면 갖가지 무서운 망상이 일어나 불안해진다는 뜻이다. 또한 잘못된 선입견으로 판단을 그르치는 것을 비유한다.

유아독존【唯我獨尊】

오직 나 하나 뿐이고, 천지간에는 나에게 따를 사람이 없다는 뜻. 이 세상에서는 내가 제일이라고 자만함　　　　　　　　　　＊〈傳燈錄〉

이도살삼사 　二桃殺三士
[두이 · 복숭아도 · 죽일살 · 석삼 · 선비사]

- 出典 《안자춘추晏子春秋》
- 文意 두 개의 복숭아로 세 무사를 죽이다.
- 解義 교묘한 계략으로 상대를 죽이는 것에 대한 비유.

이심전심 　以心傳心
[써이 · 마음심 · 전할전 · 마음심]

- 出典 《전등록傳燈錄》, 《오등회원五燈會元》
- 文意 마음에서 마음으로 전한다.
- 解義 말이나 글을 사용하지 않고 오로지 마음으로 전하는 것을 뜻함.

이하부정관 　李下不正冠
[오얏리 · 아래하 · 아닐부 · 정돈할정 · 관관]

- 出典 《열녀전烈女傳》
- 文意 오얏나무 밑에서 갓을 고쳐 쓰면 도둑으로 몰리기 쉽다.
- 解義 남에게 의심받을 만한 일은 아예 하지 말라는 뜻이다.

이여지교【爾女之交】
스스럼 없는 아주 친한 사이
*〈文士傳〉

일거양득 　一擧兩得

[한일 · 거동거 · 두량 · 얻을득]

出典 《북사北史》, 《진서晉書》, 《초책楚策》

文意 한 가지 일로 두 가지 이득을 얻는다.

解義 어떤 일을 했을 때에 예기치 않게 부수적으로 따라오는 이익을 뜻한다

일망타진　一網打盡

[한일 · 그물망 · 칠타 · 다할진]

出典 《송사宋史》, 《십팔사략十八史略》

文意 한 번 그물질로 모두 잡음.

解義 죄 지은 자를 하나도 남김없이 잡음.

일모도원　日暮途遠

[날일 · 저물모 · 길도 · 멀원]

出典 《사기史記》〈오자서열전伍子胥列傳〉

文意 날은 저물고 길은 멀다.

解義 상황이 너무 늦어 뜻하는 바를 이루기가 힘들다는 뜻.

인구회자【人口膾炙】
사람들의 입에 맞는 구운 고기와 회라는 뜻으로 자주 입에 오르내림을 이름
*〈周朴詩集〉

일의대수　一衣帶水

[한일·옷의·찰대·물수]

- 出典　《수서隋書》
- 文意　한 줄기의 띠와 같은 좁은 냇물이나 강물
- 解義　육지와 육지 사이에 흐르는 강을 가리킴.

일이관지　一以貫之

[한일·써이·꿸관·갈지]

- 出典　《논어論語》
- 文意　하나로 꿰었다.
- 解義　하나의 이치로써 모든 것을 꿰뚫었다는 뜻.

일자천금　一字千金

[한일·글자자·일천천·쇠금]

- 出典　《여씨춘추呂氏春秋》
- 文意　글자 한 자에 천금.
- 解義　한 자를 줄이거나 늘이는 사람에게 천금을 준다는 뜻.

일거수 일투족【一擧手一投足】
사소한 하나 하나의 동작이나 행동을 이름　　　　　　　　*〈韓愈의 書〉

일패도지 一敗塗地

[한일·패할패·진흙도·땅지]

出典 《사기史記》
文意 한 번 패하여 다시 일어설 수 없게 됨.
解義 싸움에 패하여 간과 뇌가 땅에 떨어져 더럽힌다는 뜻.

월명성희 【月明星稀】
달빛이 빛나면 별빛이 희미해진다는 뜻으로 영웅이 하나 나타나면 다른 존재는 상대적으로 약해진다는 말 *〈曹操의 詩〉

유구불언 【有口不言】
입은 있으되 말을 아니한다는 뜻으로 사정이 거북하거나 마음이 없어 특별히 하고 싶은 말이 있어도 하지 아니함

은린옥척 【銀鱗玉尺】
비늘이 은빛으로 번쩍이는 옥 같은 큰 물고기라는 뜻으로 싱싱하고 아름다운 큰 물고기를 비유하여 이름

의린인지언 【疑隣人之言】
이웃 사람의 말을 의심한다는 뜻. 같은 일이라도 가족이 말하면 선, 남이 말하면 악의적으로 해석하는 경우가 많음을 이르는 말 *〈韓非子〉

익자삼요 【益者三樂】
인생 삼요 가운데 예악(禮樂)을 적당히 좋아하고 사람의 착함을 좋아하고 착한 벗을 좋아하는 것 *〈論語〉

자업자득　自業自得

[스스로자·일업·스스로자·얻을득]

- 出典　《십팔사략十八史略》
- 文意　스스로 일을 벌여 얻는다.
- 解義　일의 결과는 자신이 책임을 진다는 뜻이다.

자포자기　自暴自棄

[스스로자·사나울포·스스로자·버릴기]

- 出典　《맹자孟子》
- 文意　스스로 포기하고 스스로 내팽겨치는 것.
- 解義　실망하거나 좌절하여 말이나 행동을 제멋대로 하는 것을 뜻한다.

전문거호 후문진랑　前門据虎後門進狼

[앞전·문문·기거할거·범호·뒤후·문문·나아갈진·이리랑]

- 出典　《조설항평사趙雪航評史》
- 文意　앞문의 호랑이를 막으니 뒷문의 이리가 나온다.
- 解義　하나의 재난을 피하자 또 다른 재난이 이어 나타나는 것을 비유함.

자승자박 【自繩自縛】
제 포승으로 제 몸을 묶음. 자신이 한 말이나 행동 때문에 자기 자신이 구속되어 괴로움을 당하게 됨　　　　　　　　　　　　　*〈後漢書〉

전무후무 제갈무후　前無後無諸葛武侯

【 앞전 · 없을무 · 뒤후 · 없을무 · 모든제 · 칡갈 · 굳셀무 · 벼슬후 】

出典 《명사明史》

文意 제갈공명은 오직 한 사람뿐이다.

解義 제갈공명의 뛰어난 재주는
그 누구든 따라갈 수가 없다는 뜻.

전전긍긍　戰戰兢兢

【 두려워할전 · 두려워할전 · 조심할긍 · 조심할긍 】

出典 《시경詩經》의 〈소아편小雅篇〉, 《논어論語》의 〈태백편泰伯篇〉

文意 '전전'은 겁이 나서 떨고 있는 모습, '긍긍'은 몸을 삼가는 모양을 뜻한다.

解義 어떤 위기감에 의하여 몹시 두려워하는 모습을 뜻한다.

정저지와　井底之蛙

【 샘정 · 낮을저 · 갈지 · 개구리와 】

出典 《후한서後漢書》, 《장자莊子》

文意 우물 안 개구리.

解義 소견이 좁은 사람을 말함.
또는 견문이 좁은 경우에도 비유.

전전반측 【輾轉反側】
밤새도록 몸을 뒤척이며 잠을 이루지 못함을 형용하는 말로 어떤 근심 걱정 때문에 잠을 이루지 못하는 상태　　　　　　　　　　　　*〈詩經〉

정충보국 精忠報國

[정성**정** · 충성할**충** · 대답할**보** · 나라**국**]

- 出典 《송사宋史》
- 文意 정성과 충성을 다해 나라에 보답한다.
- 解義 오직 한마음으로 국가에 충성한다는 뜻.

제세안민 濟世安民

[건질**제** · 인간**세** · 안정할**안** · 백성**민**]

- 出典 《십팔사략十八史略》
- 文意 세상을 구제하고 백성을 편안히 함.
- 解義 당 태종의 이름 '세민世民'이 이 말에서 유래되었다고 한다.

조강지처 糟糠之妻

[지게미**조** · 겨**강** · 어조사**지** · 아내**처**]

- 出典 《후한서後漢書》
- 文意 지게미와 쌀겨를 먹고 고생한 아내.
- 解義 어려울 때에 함께 고생을 한 아내를 말함.

조기삼문덕【朝起三文德】
아침에 일찍 일어나면 남보다 더 활동할 수 있으므로 이득이 있음

*〈通俗篇〉

조령모개　朝令暮改
[아침조 · 법령 · 저녁모 · 고칠개]

- 出典　《사기史記》
- 文意　아침에 내린 영이 저녁에 바뀜.
- 解義　영이 일관성 없게 왔다 갔다 함.

조삼모사　朝三暮四
[아침조 · 석삼 · 저녁모 · 넉사]

- 出典　《열자列子》의 〈황제편黃帝篇〉, 《장자莊子》의 〈제물편齊物篇〉
- 文意　아침에는 셋, 저녁에는 넷을 주다.
- 解義　농락당하는 속에 있으면서도 그것을 알지 못한다. 즉, 애써 일을 이루었으나 그것이 같은 것임을 알지 못한다는 뜻.

조장　助長
[도울 조 · 길이 장]

- 出典　《맹자孟子》〈공손축편公孫丑篇〉
- 文意　자라도록 도와줌.
- 解義　억지로 힘을 쓰는 것은 일을 그르치게 한다. 그러므로 그 사물이나 사람에 맞게 도와 성장시킨다.

좌수어인지공 【坐收漁人之功】
남이 다투는 틈을 타서 제삼자가 힘들이지 않고 공을 거둠

좌단　左袒
[왼쪽좌 · 옷 벗어 던질단]

- 出典　《사기史記》〈여후본기呂后本紀〉
- 文意　왼쪽 어깨를 벗어붙인다.
- 解義　무리가 모였을 때나 혹은 어느 개인이 한쪽 편을 들어 동의하는 것을 이름

주지육림　酒池肉林
[술주 · 못지 · 고기육 · 수풀림]

- 出典　《사기史記》
- 文意　술로 연못을 만들고 고기로 숲을 만든다.
- 解義　음란하고 호화스러운 탕아들의 행위를 비유하는 말. 역대 군왕들의 타락된 일면을 나타내는 대명사이다.

죽마지우　竹馬之友
[대나무죽 · 말마 · 갈지 · 벗우]

- 出典　《후한서後漢書》
- 文意　어릴 때에 대나무로 만든 말을 타고 놀던 친구.
- 解義　어려서 함께 자란 친구. 고향 친구.

준족장판【駿足長阪】
준마가 험한 산을 단숨에 뛰어넘듯이 유능한 사람은 곤경에 처하면 자신의 재능을 유감없이 시험해 보려 한다는 말　　　　　　　　*〈文選〉

중구난방 衆口難防
[무리중 · 입구 · 어려울난 · 막을방]

- **出典**: 《십팔사략+八史略》
- **文意**: 많은 사람들의 입을 막기는 어렵다.
- **解義**: 많은 사람들이 떠들어 대면 막기 어렵다는 뜻.

지록위마 指鹿爲馬
[가리킬지 · 사슴록 · 할위 · 말마]

- **出典**: 《사기史記》
- **文意**: 사슴을 가리켜 말이라 한다.
- **解義**: 어떤 일을 위압적으로 속이려 드는 일을 말한다.

직목선벌【直木先伐】
곧게 잘 생긴 나무가 먼저 베인다는 뜻으로 재능이 많은 인재는 그만큼 많이 쓰임을 당해 일찍 쇠퇴함을 비유한 말

직장곡로【直壯曲老】
사리가 바르면 사기가 자연히 일어나고 바르지 못하면 사기가 자연히 죽음 *〈左傳〉

질풍신뢰【疾風迅雷】
빠르고 세찬 바람과 무섭게 울리는 천둥이라는 뜻으로 몹시 빠르고 세찬 기세를 비유하여 이르는 말 *〈禮記〉

창업이수성난　創業易守城難

[비롯할창 · 업업 · 쉬울이 · 지킬수 · 재성 · 어려울난]

出典　《정관정요貞觀政要》
文意　'창업'이란 일을 시작하여 일으킨다는 뜻이고, '수성'이란 이룩한 사업을 잘 지켜 보존한다는 뜻.
解義　일을 일으키기는 쉽고, 보존하는 것은 어렵다는 말.

창해일속　滄海一粟

[큰바다창 · 바다해 · 한일 · 조속]

出典　《소식蘇軾》의 〈적벽부赤壁賦〉
文意　망망한 바다 속의 좁쌀 한 알.
解義　지극히 미약하여 보잘것이 없음.

채미가　采薇歌

[캘채 · 고사리미 · 노래가]

出典　《사기史記》
文意　고사리를 캐는 노래.
解義　백이숙제가 수양산에 들어가 고사리를 캐 먹는 노래.

차적병【借賊兵】
적에게 무기를 빌려준다는 뜻. 나를 해치는 자를 도와줌의 비유

*〈戰國策〉

천고마비　　天高馬肥

[하늘천·높을고·말마·살찔비]

出典 《한서漢書》
文意 하늘이 높고 말이 살찌다.
解義 변방에 근무하는 친구에게 보내는 변방의 사정을 뜻함.

천금매소　　千金買笑

[일천천·금금·살매·웃음소]

出典 《사기史記》
文意 천금을 주고 미소를 사다.
解義 비싼 대가를 치르고 사랑하는 여인에게서 미소를 짓게 하는 것.

천도시비　　天道是非

[하늘천·길도·옳을시·아닐비]

出典 《사기史記》
文意 천도는 맞는 것인가 틀린 것인가라는 뜻.
解義 인간의 얄궂은 운명에 대해 한탄하는 말이다.

채색부정【采色不定】
풍채와 안색이 일정하지 않다는 뜻으로서 희로애락을 억누르지 못하고 잘 나타냄을 이르는 말
*〈莊子〉

천려일실　千慮一失

[일천천·생각할려·한일·잃을실]

- 出典: 《사기史記》
- 文意: 천 번의 생각에 한 번의 실수.
- 解義: 많이 생각하다 보면 실수할 수도 있다는 뜻.

천리안　千里眼

[일천천·마을리·눈안]

- 出典: 《위서魏書》
- 文意: 천리를 내다보는 눈.
- 解義: 먼 곳에서 일어나는 일을 잘 알아냄.

천의무봉　天衣無縫

[하늘천·옷의·없을무·꿰멜봉]

- 出典: 《영괴록靈怪錄》
- 文意: 선녀의 옷은 바느질 자국이 없다.
- 解義: 시문 등이 지극히 아름답고 매끄러워 손질할 필요가 없다는 뜻.

천붕지탁 【天崩地坼】
하늘이 무너지고 땅이 갈라진다는 뜻으로 아주 큰 일이나 큰 소리를 이르는 말

천재일우 千載一遇

[일천천 · 실을재 · 한일 · 만날우]

- **出典** 《삼국명신서찬三國名臣序贊》
- **文意** 천 년 동안에 한 번 만난다.
- **解義** 좀처럼 만나기 어려운 좋은 기회를 일컫는다.

철면피 鐵面皮

[쇠철 · 얼굴면 · 가죽피]

- **出典** 《북몽쇄언》
- **文意** 얼굴이 쇠가죽 같다.
- **解義** 표정 하나 변하지 않고 누구에게나 아첨을 일삼음.

철부지급 轍鮒之急

[수레바퀴자국철 · 붕어부 · 어조사지 · 급할급]

- **出典** 《장자莊子》
- **文意** 수레바퀴 자국 속에 있는 붕어의 위급함이라는 뜻.
- **解義** 곤궁한 처지나 다급한 위기를 비유한다.

철두철미【徹頭徹尾】
처음부터 끝까지 아주 철저함

*〈朱子語類〉

철주　　掣肘

[당길철·팔주]

- 出典 《공자가어孔子家語》
- 文意 팔을 잡아당긴다.
- 解義 남이 하는 일을 제대로 못하도록 훼방을 놓음.

청담　　淸談

[맑을청·말씀담]

- 出典 《십팔사략十八史略》
- 文意 명예와 이권을 떠난 얘기.
- 解義 세상 명리에 초연한 노장 철학을 연구하던 거사들의 얘기.

청운지지　　靑雲之志

[푸를청·구름운·갈지·뜻지]

- 出典 장구령張九齡의 《조경견백발朝鏡見白髮》
- 文意 큰 뜻을 세움.
- 解義 큰 포부. 예전에는 신선이나 천자가 될 사람들이 있는 곳엔 상서로운 구름이나 기운이 어려 있다고 함.

철중쟁쟁 【鐵中錚錚】
쇠 중에서도 쟁쟁하게 잘 울리는 쇠라는 뜻으로 같은 부류 가운데서도 유난히 뛰어난 것을 일컫는 말　　　　　　　　　　　　　　*《後漢書》

청천백일 　青天白日
[맑을**청**·하늘**천**·흰**백**·날**일**]

- **出典** 한유의 《여최군서與崔群書》
- **文意** 맑은 하늘에서 비추는 햇빛.
- **解義** 무죄를 의미함.

청천벽력 　青天霹靂
[푸를**청**·하늘**천**·벼락**벽**·벼락**력**]

- **出典** 육유陸游의 〈오언고시五言古詩〉
- **文意** 맑은 하늘에서 치는 벼락.
- **解義** 뜻밖의 재난이나 변고를 뜻함.

청출어람 　青出於藍
[푸를**청**·날**출**·어조사**어**·쪽**람**]

- **出典** 《순자荀子》의 〈권학편勸學篇〉
- **文意** 쪽풀에서 나온 푸른색이 쪽보다 더 푸르다.
- **解義** 제자가 스승보다 뛰어남. 뛰어난 제자를 평할 때 쓰는 말.

초재진용【楚材晉用】
초나라의 인재를 진나라에서 쓴다는 뜻으로 자기 나라의 인재를 다른 나라에서 이용함을 이르는 말

초미지급　焦眉之急

[델초·눈썹미·갈지·급할급]

- 出典 《오등회원五燈會元》
- 文意 눈썹에 액이 떨어진 상태.
- 解義 눈썹에 불이 붙은 상태.
  아주 화급한 상태.

촌철살인　寸鐵殺人

[마디촌·쇠철·죽일살·사람인]

- 出典 《학림옥로鶴林玉露》
- 解義 촌寸이란 보통 성인 남자의 손가락 한 개 폭을 말하며, 철鐵은 쇠로 만든 무기를 뜻한다. 따라서 촌철이란 한 치도 못 되는 무기를 의미한다.

추고　推敲

[가릴추·가릴고]

- 出典 《상소잡기湘素雜記》
- 文意 문장의 마지막 손질.
- 解義 추고의 고敲를 고稿로도 사용한다.
  읽을 때엔 '퇴고' 라고도 한다.

추풍낙엽【秋風落葉】
가을 바람에 우수수 떨어지는 낙엽이란 뜻으로 세력 따위가 하루아침에 힘없이 떨어짐의 비유

추선 秋扇
[가을**추** · 부채**선**]

- **出典** 《원가행怨歌行》
- **文意** 가을 부채를 말한다.
- **解義** 사랑을 잃은 처지를 비유한다.

치인설몽 痴人說夢
[어리석을**치** · 사람**인** · 말씀**설** · 꿈**몽**]

- **出典** 《냉제야화冷齊夜話》
- **文意** 어리석은 사람이 꿈 얘기를 한다.
- **解義** 앞뒤 분별 없이 아무렇게나 지껄이는 것.

창해유주 【滄海遺珠】
넓은 바다 속에 남아 있는 구슬이라는 뜻으로 세상에 알려지지 않은 어진 이나 유능한 인재를 비유한 말 *〈唐書〉

추풍선 【秋風扇】
가을철의 부채라는 뜻으로 이미 제 철이 지나서 쓸모없게 된 것을 이름. 흔히 사랑을 잃은 여자를 비유하여 많이 씀 *〈怨行歌〉

칠종칠금 【七縱七擒】
제갈량이 맹획을 일곱 번 사로잡고 일곱 번 놓아주었다는 옛일에서 유래된 말로 마음대로 잡았다 놓았다 함 *〈三國志〉

타산지석　他山之石

[다를타·뫼산·갈지·돌석]

出典 《시경詩經》

文意 다른 산에서 나온 거친 돌로도 옥을 간다.

解義 돌을 소인小人으로 옥을 군자로 설명, 군자도 소인으로 인해 수양하면 학문과 덕을 이룰 수 있다는 뜻.

타인한수　他人鼾睡

[남타·사람인·코골한·잘수]

出典 《송사宋史》

文意 다른 사람의 코 고는 소리.

解義 다른 세력 옆에 있는 것은 참을 수 없다는 것.

태공망　太公望

[클태·마을공·바랄망]

出典 《사기史記》

文意 ① 무위無爲한 나날을 보낸다. ② 낚시꾼을 일컫는다.

解義 여상呂尙이 임금으로부터 받은 칭호이다. 즉 부왕父王 태공太公이 바라던 '망望' 인물이라는 뜻을 그대로 표현하여 '태공망太公望'이라는 칭호를 준 데서 나왔다.

타면자건 【唾面自乾】
남이 내 얼굴에 침을 뱉었을 때 닦지 말고 마를 때까지 기다리라는 뜻으로 화나는 일이 있더라도 꾹 참으라는 말　　　　　　　　　*〈唐書〉

태두 泰斗
【 클태 · 말두 】

- **出典** 《당서唐書》
- **文意** 태산과 북두칠성.
- **解義** 어떤 분야에서 빼어나 사람들이 우러러보는 존재. 어떤 분야의 권위자를 뜻함.

토사구팽 兎死狗烹
【 토끼토 · 죽을사 · 개구 · 삶을팽 】

- **出典** 《십팔사략十八史略》
- **文意** 토끼가 죽으니 사냥개가 삶아진다.
- **解義** 목적하는 바 뜻을 이루고 나서 측근을 처벌할 때에 비유로 쓰이는 말이다.

토적성산 【土積成山】
한 줌의 흙이 쌓이고 쌓이면 산을 이룬다는 말로 조그마한 것도 조금씩 조금씩 모이면 크게 됨 　　*〈說苑〉

퇴경정용 【推輕釘聳】
망치가 가벼우면 못이 도로 솟아 나온다는 뜻으로 윗사람이 엄하게 다스리지 않으면 아랫사람이 말을 잘 듣지 않는다는 뜻

퇴고 【推敲】
문장을 다듬고 고친다는 뜻으로 비슷한 표현이라도 어느 것이 더 적절한가를 여러 번 생각하고 살펴보는 것을 이르는 말 　　*〈野客叢書〉

파경 　　破鏡
[깨뜨릴파 · 거울경]

- **出典** 《태평광기太平廣記》
- **文意** 깨진 거울.
- **解義** 부부간에 금실이 좋지 않아 이별을 하거나 이혼하는 것을 비유하는 말.

파로대 　　罷露臺
[파할파 · 이슬로 · 대대]

- **出典** 《사기史記》
- **文意** 지붕 없는 정자 만들기를 그만두다.
- **解義** 정자 하나를 만드는 예산이 열 집의 재산과 같으므로 그만두었다는 것이다.

파죽지세 　　破竹之勢
[깨뜨릴파 · 대나무죽 · 갈지 · 기세세]

- **出典** 《진서晋書》
- **文意** 대나무를 쪼개는 기세.
- **解義** 칼로 대나무를 쪼개면 강한 기세로 인해 쭉 밀려 대나무는 잘라진다. 거침없이 들어가는 형세를 뜻한다.

파류제미【波流弟靡】
파류는 물결이 끝없이 흘러가는 것, 제미는 차차로 변천하는 것, 걸 세상의 변화　　　　　　　　　　　　　　　　　　　　　　　*〈莊子〉

파천황　破天荒

【 깨뜨릴파 · 하늘천 · 거칠황 】

- **出典** 《북몽쇄언》
- **文意** 거칠은 하늘을 깨뜨림.
- **解義** 형주 사람들이 과거에 급제하지 못했는데, 그것을 깨뜨렸다는 뜻이다.

패군지장　敗軍之將

【 패할패 · 군사군 · 갈지 · 장수장 】

- **出典** 《사기史記》
- **文意** 싸움에 진 장수.
- **解義** 이 말은 '패군지장 불어병敗軍之將 不語兵'의 준말이다. 싸움에 진 장수는 병법을 논하지 않는다는 뜻으로, 일단 전투에 실패했다면 구구한 변명을 하지 않는다는 의미다.

팔방미인 【八方美人】
어디로 보든지 아름다운 미인. 어떤 사람을 대해서든지 두루 곱게 행동하는 사람. 여러 방면에 능통함

평지풍파 平地風波

[평할**평** · 땅**지** · 바람**풍** · 물결**파**]

- **出典** 《죽지사竹枝詞》
- **文意** 고요한 땅에 바람과 물결을 일으킨다.
- **解義** 공연한 일을 만들어 사태를 시끄럽게 만듦.

포류지자 蒲柳之姿

[독할**가** · 정사**정** · 사나울**맹** · 범**호**]

- **出典** 《세설신어世說新語》
- **文意** 갯버들의 맵시라는 말.
- **解義** 몸이 허약한 것을 뜻한다.

포호빙하 暴虎馮河

[맨손으로칠**포** · 범**호** · 도섭할**빙** · 물**하**]

- **出典** 《논어論語》
- **文意** 맨손으로 범을 잡고, 걸어서 강을 건넌다.
- **解義** 만용을 믿고 되는 대로 행동하는 것을 뜻함.

평지풍파 【平地風波】
고요한 장소에 바람과 물결을 일으킨다는 뜻으로 공연한 일로 분쟁거리를 만들거나 사태를 소란스럽게 만듦   *〈劉禹錫의 文〉

풍성학려 風聲鶴唳

[바람풍·소리성·학학·울려]

出典 《진서晉書》
文意 바람소리와 학의 울음소리.
解義 아무것도 아닌데 공연히 놀라 겁을 집어먹는 것.

필부지용 匹夫之勇

[한 마리필·사내부·갈지·날랠용]

出典 《맹자孟子》
文意 마구 날뛰는 행동.
解義 좁은 소견을 갖고 함부로 날뛰는 행동을 함.

패류잔화 【敗柳殘花】
잎 떨어진 버드나무와 앙상한 가지에 겨우 붙어 있는 시든 꽃이란 뜻으로 아름다움이나 권세를 잃음을 비유한 말

표사유피 인사유명 【豹死留皮人死留名】
표범은 죽어서 가죽을 남기고 사람은 죽어서 이름을 남긴다는 뜻. 모름지기 사람은 죽어서 훌륭한 이름을 남겨야 한다는 말   *〈五代史〉

필사즉생 필생즉사 【必死則生必生則死】
죽기로 싸우면 반드시 살고 살려고 굴면 반드시 죽는다는 뜻으로 위기에 처한 나라를 구하려는 충신의 각오를 토로한 말   *〈亂中日記〉

한단지몽 邯鄲之夢

[조나라한 · 조나라단 · 갈지 · 꿈몽]

- 出典 《침중기枕中記》
- 文意 한단에서 꾼 꿈.
- 解義 인생의 부귀영화가 뜬구름처럼 덧없음을 이르는 말.

한단지보 邯鄲之步

[조나라한 · 조나라단 · 어조사지 · 걸음보]

- 出典 《장자莊子》
- 文意 한단의 걸음걸이.
- 解義 자기 분수를 모르고 남을 흉내내는 것을 빗대어 하는 말.

한발 旱魃

[가물한 · 가물귀신발]

- 出典 《삼황오제三皇五帝》
- 文意 가뭄.
- 解義 가뭄을 몰고 오는 신화 속의 여신.

한신출과하 【韓信出袴下】
한신이 기어서 남의 가랑이 밑을 빠져 나갔다는 뜻으로 굴욕을 참고 쓸데없는 일에 실랑이를 벌이지 않는다는 말
*〈史記〉

합종연횡　　合縱連衡

【 합할합 · 따를종 · 이을연 · 저울대횡 】

出典 《사기史記》

文意 약한 나라끼리 규합하여 강대국을 대항하는 것이 합종이다. 연횡은 약한 나라가 강대국과 동맹을 맺고 평안을 구하는 것을 말한다.

解義 전국 시대를 살아가는 열국들이 나라의 안전을 도모하기 위해 펼치는 계책을 뜻한다. '연합하여 싸울 것이냐, 동맹하여 화평할 것이냐'가 관건이다.

해로동혈　　偕老同穴

【 같이해 · 늙을로 · 한 가지동 · 굴혈 】

出典 《시경詩經》

文意 살아서는 같이 늙고 죽어서는 한 곳에 묻힌다.

解義 생사를 같이하는 부부의 사랑과 맹세를 뜻하는 말.

항룡유회 【亢龍有悔】
하늘 끝까지 올라간 용이 내려갈 길밖에 없음을 후회한다는 뜻으로 욕심의 한계가 없으면 반드시 후회하게 됨　　　　　　　　　　*〈史記〉

해어화 解語花

[풀릴해 · 말씀어 · 꽃화]

- 出典: 《개원천보유사開元天寶遺事》
- 文意: 말하는 꽃.
- 解義: 용모가 절색인 미인을 가리킬 때에 쓰는 말.

형설지공 螢雪之功

[반딧불형 · 눈설 · 갈지 · 공공]

- 出典: 《진서晉書》
- 文意: 반딧불과 눈빛으로 이룬 공.
- 解義: 역경 속에서도 굴하지 않고 학문을 닦아 대성함.

호가호위 狐假虎威

[여우호 · 빌리가 · 호랑이호 · 위엄위]

- 出典: 《전국책戰國策》
- 文意: 여우가 호랑이의 위엄을 빌어 제 위엄으로 삼는다.
- 解義: 남의 권세를 빌어 위세를 부림.

헌근지의 【獻芹之意】
햇미나리를 먼저 임금에게 바친다는 뜻으로 정성을 다하여 올리는 마음
*〈書言故事〉

호사유피 인사유명 虎死留皮人死留名

【 범호 · 죽을사 · 남길유 · 가죽피 · 사람인 · 죽을사 · 남길유 · 이름명 】

- 出典: 《오대사五代史》
- 文意: 호랑이는 죽어 가죽을 남기고, 사람은 죽어 이름을 남긴다.
- 解義: 사람에게는 재물보다도 명예가 소중함을 비유한 것.

호연지기 浩然之氣

【 넓고 클호 · 그렇다할연 · 의지 · 생기기 】

- 出典: 《맹자孟子》
- 文意: 하늘과 땅 사이에 가득 찬 바른 원기.
- 解義: 공명정대하여 한 점의 부끄러움이 없는 도덕적 용기를 말함.

홍일점 紅一點

【 붉은홍 · 한일 · 점점 】

- 出典: 《만록총중萬綠叢中》, 《만록지두萬綠枝頭》
- 文意: 여러 남자 가운데 한 여자가 끼여 있음.
- 解義: 여럿 중에서 특별히 눈에 띄는 한 가지를 가리킬 때 쓰는 말이다.

혹세무민 【惑世誣民】
세상 사람을 속여 미혹하게 하고 어지럽힘

화룡점정 畫龍點睛

[그릴화 · 용룡 · 점찍을점 · 눈알정]

出典 《수형기水衡記》
文意 용을 그리고 눈동자를 찍다.
解義 어떤 일의 가장 핵심이 되는 일을 마무리하거나, 그 부분을 완성시키는 것을 뜻한다.

화서지몽 華胥之夢

[빛날화 · 나비서 · 갈지 · 꿈몽]

出典 《열자列子》
文意 화서에서의 꿈.
解義 길몽을 이룸.

환골탈태 換骨奪胎

[바꿀환 · 뼈골 · 빼앗을탈 · 태아태]

出典 《냉제야화冷濟野話》
文意 뼈를 바꾸고 태를 멀리 한다.
解義 용모가 몰라보게 달라지거나, 문장이 남의 손을 거쳐 전혀 새로움을 갖게 되는 것.

회자정리【會者定離】
만나면 반드시 헤어질 운명에 있음. 만유무상 또는 인생무상을 나타내는 말
*《遺教經》

효시 嚆矢
[울효 · 화살시]

- **出典**: 《장자莊子》
- **文意**: 우는 화살.
- **解義**: 휘파람 소리를 내는 신호용 화살. 어떤 일에 대한 '시작'이라는 의미가 있다.

후예사일 后羿射日
[임금후 · 활스승예 · 쏠사 · 날일]

- **出典**: 《사기史記》
- **文意**: 후예가 태양을 쏘다.
- **解義**: 활로 태양을 쏘아 떨어뜨렸다는 뜻이다.

호랑지국 【虎狼之國】
범과 이리 같은 나라라는 뜻으로 탐욕스럽고 남의 나라를 침략하기 좋아하는 나라를 가리키는 말 *〈史記〉

화무십일홍 【花無十日紅】
열흘 붉은 꽃이 없다는 뜻으로 한 번 성한 것은 반드시 쇠퇴함을 이르는 말

효시 【嚆矢】
소리가 나는 화살의 뜻. 싸울 때 소리가 나는 화살을 쏘아 보냄으로써 개전을 알렸다 하여 모든 것의 시초나 선례를 가리키는 말 *〈莊子〉

부록

사자성어 사전

가가대소【呵呵大笑】소리를 크게 내어 웃음

가가호호【家家戶戶】집집마다, 한집 한집

가기이방【可欺以方】그럴 듯한 방법과 술책으로 남을 속일 수 있다는 말

가담항설【街談巷說】길거리나 세간에 나도는 소문이나 여기저기 떠도는 풍문을 이르는 말 *〈漢書〉

가동가서【可東可西】이렇게 할 만도 하고 저렇게 할 만도 함

가롱성진【假弄成眞】생각 없이 농담으로 한 말이 끝에 가서 사실로 바뀐다는 말

가유호세【家諭戶說】집집마다 깨우쳐 일러 줌

가정맹어호【苛政猛於虎】가혹한 정치는 호랑이 밥이 되는 고통보다 더 무섭다는 뜻 *〈禮記〉

각고정려【刻苦精勵】몹시 애를 쓰고 정성을 들임

각곡유목【刻鵠類鶩】따오기를 그리려고 했으나 결과는 집오리처럼 그렸다는 뜻 *〈後漢書〉

각골통한【刻骨痛恨】뼈에 사무치도록 맺힌 깊은 원한

각근면려【刻勤勉勵】부지런히 성실하게 일함

각심소위【各心所爲】사람마다 각자 다른 마음으로 행한 일

간기인물【間氣人物】세상에 보기 드문 아주 뛰어난 기품을 지닌 사람을 이르는 말

간난신고【艱難辛苦】갖은 고초를 다 겪어 몹시 고되고 괴롭다는 말

간발이즐【簡髮而櫛】머리카락을 세면서 머리를 빗는다는 뜻으로 쓸데없는 일에 정성을 쏟는다는 말 *〈莊子〉

간성난색【姦聲亂色】간사한 목소리는 귀를 어지럽히고 잘못된 빛깔은 눈을 어지럽게 함 *〈禮記〉

간성지재【干城之材】방패와 성 같은 역할을 할 수 있는 뛰어난 인재를 이르는 말

간어제초【間於齊楚】약한 이가 강한 이들 틈에 끼여 괴로움을 받는 일을 가리키는 말 *〈史記〉

간운보월【看雲步月】객지에서 달밤에 구름을 바라보며 거닐면서 고향의 가족 생각을 함

간장막야【干將莫耶】사람도 교육을 통해 선도해야만 역량을 발휘할 수 있다는 말 *〈荀子〉

감당지애【甘棠之愛】좋은 정치를 행하는 관리에 대한 존경과 믿음의 정이 깊음을 이르는 말 *〈史記〉

감불생심【敢不生心】힘에 부치어 감히 엄두도 내지 못함

감언지지【敢言之地】거리낌없이 말할 만한 자리

강노지말【強弩之末】아무리 강한 군사도 멀리 원정을 나가면 결국 힘이 빠지기 마련이라는 말 *〈史記〉

강약부동【強弱不同】한쪽은 강하고 한쪽은 약하여 도무지 상대가 되지 않음

강호연파【江湖煙波】강이나 호수 위에 안개처럼 뽀얗게 서리는 잔물결을 이르는 말

강호지락【江湖之樂】자연을 벗삼아 누리는 즐거움

개과불린【改過不吝】잘못이 있으면 조금도 주저하지 말고 즉시 고치라는 뜻 *〈書經〉

개문납적【開門納賊】문을 열어 도둑을 맞아들인다는 뜻으로 스스로 화를 만듦의 비유 *〈戰國策〉

개세지기【蓋世之氣】한 세기를 뒤덮을 만한 뛰어난 의기를 이르는 말 *〈史記〉

객반위주【客反爲主】손님이 도리어 주인 노릇을 한다는 말. 주객전도와 같음

갱무도리【更無道理】다시는 어찌할 도리가 없음

거가지락【居家之樂】집에서 시서(詩書) 등을 벗삼아 세월을 보내는 즐거움

거관유독【去官留犢】벼슬에서 물러날 때 송아지를 두고 간다는 뜻으로 청렴결백을 비유한 말 *〈三國志〉

거안사위【居安思危】평안할 때에도 항상 닥쳐올 위험에 대해 생각한다는 말 *〈左傳〉

거어지탄【車魚之歎】만족할 줄 모르는 인간의 지나친 욕망을 말함 *〈戰國策〉

거일반삼【舉一反三】한 가지 일을 미루어 모든 일을 헤아린다는 뜻 *〈論語〉

거자막추【去者莫追】떠나는 사람은 붙잡지 말라는 말

거중조정【居中調停】다툼이나 시비가 생긴 틈에 끼어 들어서 말리거나 화해를 붙인다는 말

거지중천【居之中天】아무것도 없이 텅 빈 공간

검로지기【黔驢之技】하찮은 기량이나 달리 재주나 기술이 없음을 비유한 말

격강천리【隔江千里】강을 사이에 두고 있으나 자주 내왕을 할 수 없어 천리길이나 떨어져 있음과 같다는 말

격물치지【格物致知】사물의 본질이나 이치를 끝까지 연구하여 많은 지식을 닦음 *〈大學〉

격세즉망【隔世卽忘】사람이 이 세상에 새로 태어날 때에는 먼저 세상의 일은 모두 잊는다는 말

견란구시【見卵求時】달걀을 보고 시간을 알려고 한다는 뜻으로 성급하게 지레짐작함을 비유한 말 *〈莊子〉

견리사의【見利思義】눈앞에 이익이 있을 때 마음을 비우고 의리를 생각함 *〈論語〉

견모상마【見毛相馬】겉만 보고 판단하는 것은 오류를 범하기 쉽다는 뜻 *〈鹽鐵論〉

견문각지【見聞覺知】보고 듣고 깨닫고 앎

견문발검【見蚊拔劍】모기를 보고 칼을 뺀다는 뜻으로 어떤 일에 합리적으로 대응하지 못함을 이름

견설고골【犬齧枯骨】개가 말라빠진 뼈를 핥는다는 뜻으로 아무 맛도 가치도 없음을 가리키는 말

견여금석【堅如金石】서로 맺은 언약이나 맹세가 금석같이 굳음을 이르는 말

견위수명【見危授命】나라가 위태로울 때에는 주저없이 제 목숨을 바침 *〈論語〉

견인불발【堅忍不拔】굳게 참고 끝까지 버티어 마음이 흔들리거나 정신을 빼앗기지 아니함

겸구고장【箝口枯腸】입에 재갈을 물리고 창자를 말린다는 뜻으로 궁지에 몰려 말을 못한다는 말

겸구물설【箝口勿說】입을 다물고 말하지 않음

경개여구【傾蓋如舊】처음 잠깐 만났는데도 정다움이 마치 오래 사귄 친구와 같다는 말 *〈史記〉

경국지재【經國之才】나라 일을 경륜할 만한 재주, 또는 그런 재주를 가진 사람 *〈漢書〉

경낙과신【輕諾寡信】쉽게 승낙하지만 약속대로 실행함이 적다는 말

경륜지사【經綸之士】특히 정치적 수단이나 조직적인 일에 수완이 좋은 사람

경세제민【經世濟民】세상을 다스리고 백성의 고생을 덜어 구제한다는 말

경위지사【傾危之士】궤변을 늘어놓아 국가를 위태한 지경으로 몰아넣게 하는 인물 *〈史記〉

경의비마【輕衣肥馬】가벼운 비단옷과 살찐 말이라는 뜻으로 아주 호사스러운 차림새를 이르는 말

경이원지【敬而遠之】 겉으로는 공경하는 체하나 속마음으로 는 싫어하여 멀리함

경자유전【耕者有田】 농사를 짓는 사람이 그 땅을 소유해야 한다는 말

경전착정【耕田鑿井】 밭을 갈고 우물을 판다는 뜻으로 백성 들이 생업을 즐기며 평화롭게 지냄을 이르는 말

경전하사【鯨戰蝦死】 고래 싸움에 엉뚱하게 새우등이 터진 다는 뜻 *〈旬五志〉

경황망조【驚惶罔措】 놀라고 두려워 어리둥절하며 허둥지둥 어찌할 줄을 모름

계견상문【鷄犬相聞】 닭이 울고 개가 짖는 소리가 여기저기 에서 들림

계계승승【繼繼承承】 끊이지 않고 자자손손 대를 이어감

계구우후【鷄口牛後】 큰 조직의 꼴찌보다는 작은 조직의 우 두머리가 되는 편이 낫다는 말 *〈史記〉

계궁역진【計窮力盡】 꾀와 힘이 다하여 더는 어찌할 도리가 없이 되었다는 말

계란유골【鷄卵有骨】 달걀에도 뼈가 있다는 말로 공교롭게 도 하는 일에 마가 낀다는 뜻 *〈大東韻府群玉〉

계비직고【階卑職高】품계는 낮고 벼슬은 높다는 말

계주생면【禊酒生面】곗술로 생색을 낸다는 의미로 여러 사람의 것을 가지고 자기 생색을 낸다는 말

계포일낙【季布一諾】한 번 약속하면 반드시 그 약속은 지킨다는 말 *〈史記〉

계학지욕【溪壑之慾】마음에 차지 않는 욕심. 만족할 줄 모르는 욕심 *〈國語〉

고굉지신【股肱之臣】임금이 여러 신하 중 가장 신임하는 신하를 가리키는 말 *〈書經〉

고두사죄【叩頭謝罪】머리를 조아려 사죄함

고리정분【藁履丁粉】짚신에 분바르기란 뜻으로 일이 격에 맞지 않음을 이르는 말 *〈旬五志〉

고명사의【顧名思義】명예를 돌아다보고 의를 생각함

고복격양【鼓腹擊壤】배를 두드리며 흥겨워한다는 뜻으로 태평성대를 이르는 말 *〈十八史略〉

고분지탄【叩盆之嘆】아내가 죽은 것에 대한 한탄 *〈莊子〉

고시활보【高視闊步】높은 곳을 바라보며 성큼성큼 걸어간다는 뜻으로 기개가 매우 뛰어남을 비유한 말

고식지계【姑息之計】당장에 편한 것만 취하는 계책

고신척영【孤身隻影】 외로운 몸과 하나의 그림자뿐이라 발 붙일 곳 없이 떠도는 외로운 신세라는 뜻

고자과학【孤雌寡鶴】 짝을 잃은 새. 곧 남편이나 아내를 잃은 사람을 비유한 말

고장난명【孤掌難鳴】 손바닥 하나로는 소리를 내지 못한다는 말로 혼자서는 일을 하지 못함을 이름 *〈傳燈錄〉

고주일배【苦酒一杯】 대접하는 술이 변변치 못하다 하여 겸손하게 이르는 말

고추부서【孤雛腐鼠】 외로운 병아리와 썩은 쥐라는 의미로 아무 가치 없는 물건의 비유 *〈後漢書〉

고침사지【高枕肆志】 베개를 높이 베고 누워 마음대로 한다는 뜻으로 재산이 많아 놀며 지냄을 이르는 말

고침안면【高枕安眠】 베개를 높이 하여 편히 잘 잔다는 뜻으로 근심 없이 편안히 잘 지낸다는 말 *〈戰國策〉

고침이와【高枕而臥】 베개를 높이 하고 잔다 함이니 마음을 편안히 하고 잠잘 수 있다는 말 *〈史記〉

고침한등【孤枕寒燈】 외로운 베개와 쓸쓸한 등불이라는 뜻으로 홀로 자는 쓸쓸한 밤을 이르는 말

공과상반【功過相半】 공로와 허물이 서로 반반임

공도동망【共倒同亡】 넘어져도 같이 넘어지고 망해도 같이 망한다는 뜻으로 운명을 같이 한다는 말

공득지물【空得之物】 힘들이거나 대가를 치르지 않고 거저 얻은 것을 이르는 말

공행공반【空行空返】 행하는 것이 없으면 제게 돌아오는 소득도 없다는 말

과공비례【過恭非禮】 지나치게 공손함은 도리어 상대에게 예가 아니라는 말

과문천식【寡聞淺識】 견문이 적고 학식이 얕음

관형찰색【觀形察色】 남의 심정을 떠보기 위하여 얼굴빛을 자세히 살펴봄. 잘 모르는 사물을 자세히 관찰함

관홍뇌락【寬弘磊落】 마음이 너그럽고 크며 선선하여 사소한 일에 거리끼지 아니함

괄구마광【刮垢磨光】 때를 벗기고 닦아 빛을 낸다는 뜻으로 사람의 결점을 고치고 장점을 개발하여 인재를 기름

광담패설【狂談悖說】 이치에 맞지 않고 허황되며 도의에도 어긋나는 말

광세지재【曠世之才】 세상에서 보기 드문 뛰어난 재주나 그런 재주를 가진 사람을 비유한 말

광음여류【光陰如流】세월이 물의 흐름과 같이 한번 지나면 되돌아오지 않음의 비유 *〈顔氏家訓〉

광일미구【曠日彌久】생각 없이 헛되게 세월을 보내며 일을 오래 끌음 *〈戰國策〉

교룡운우【蛟龍雲雨】영웅이나 호걸이 대업을 이룰 기회를 잡아 크게 활약함을 비유한 말 *〈三國志〉

교언영색【巧言令色】교묘한 말과 아첨하는 얼굴빛. 소인의 교묘한 수단과 아양을 떠는 태도를 이름 *〈書經〉

교족이대【翹足而待】발돋움하고 기다린다는 뜻으로 머지않아 그렇게 된다는 말 *〈史記〉

교지졸속【巧遲拙速】훌륭하게 늦는 것보다는 조금 서툴러도 빠른 것이 낫다는 말 *〈孫子〉

교천언심【交淺言深】교제한 지는 얼마 안 되지만 서로 심중을 털어놓고 이야기함

교칠지교【膠漆之交】아교와 칠의 사귐이라 함이니 퍽 사이가 친하고 두터움을 이르는 말 *〈史記〉

구각춘풍【口角春風】남을 수다스럽게 칭찬하여 즐겁게 해준다는 뜻으로 남을 칭찬하는 말

구곡간장【九曲肝腸】굽이굽이 서린 창자라는 뜻으로 시름

이 쌓이고 쌓인 마음속을 비유

구과불섬【救過不贍】자신의 과실을 구하는 것도 쉬운 일이
아니라는 말 *〈史記〉

구명도생【苟命徒生】구차스럽게 겨우 목숨만 보전하여 살
아간다는 말

구반상실【狗飯橡實】개밥에 도토리라는 뜻으로 외톨이로
고립된 사람을 비유한 말 *〈東言考略〉

구설부득【究說不得】이치에 어긋난 일은 추구하면 오히려
이해하기 어렵다는 말

구시화문【口是禍門】입은 곧 재앙의 문이라는 뜻으로 말을
조심하지 않으면 화를 당한다는 말 *〈馮道의 詩〉

구십춘광【九十春光】봄의 90일 동안을 이르는 말. 노인의
마음이 젊은이처럼 젊다는 뜻

구안지사【具眼之士】사물의 옳고 그름과 선악을 판단할 수
있는 견식이 있는 사람을 이르는 말

구안투생【苟安偸生】한때의 편안만을 꾀하며 헛되이 살아
간다는 말 *〈新序〉

구우일모【九牛一毛】무수히 많은 가운데 아주 극히 적은 것
을 비유한 말 *〈漢書〉, 〈文選〉

구전심수【口傳心授】 말로 전하고 마음으로 가르친다는 말

구족제철【狗足蹄鐵】 개발에 편자라는 뜻으로 옷차림이나 소지품이 격에 맞지 않을 때 이르는 말

구주필벌【口誅筆伐】 말이나 글로 남의 잘못을 폭로함

구중자황【口中雌黃】 잘못된 말이나 글을 직접 자신의 입으로 취소하거나 고친다는 뜻임 *〈晉書〉

구중지슬【口中之蝨】 '입 안에 든 이' 라는 뜻으로 상대방을 완전히 장악함을 비유한 말 *〈漢書〉

구한감우【久旱甘雨】 오랫동안 가뭄이 계속되다가 내리는 단비를 이르는 말

구화지문【口禍之門】 말을 삼가도록 경계하는 말로 화는 입으로부터 들어온다고 해서 문이라 한 것임

국록지신【國祿之臣】 나라의 녹을 받고 있는 신하

군맹무상【群盲撫象】 모든 사물을 자기의 좁은 소견과 주관으로 잘못 판단함을 이르는 말

군자표변【君子豹變】 군자는 자신의 허물을 고치어 선으로 옮겨가는 것이 아주 뚜렷하다는 뜻

군주신수【君舟臣水】 도와주는 사람도 때로는 해가 되는 수가 있다는 뜻을 비유한 말

굴지득금【掘地得金】 땅을 파다가 금을 얻었다는 뜻으로 뜻밖에 재물을 얻음의 비유

궁구막추【窮寇莫追】 도둑이 막다른 처지에 몰리면 어떤 짓을 할지 모르므로 뒤쫓지 말라는 뜻 *〈孟子〉

궁천극지【窮天極地】 하늘과 땅처럼 끝 닿는 데가 없다는 말

궁적상적【弓的相適】 활과 과녁이 서로 맞았다는 뜻으로, 기회가 서로 부합한다는 뜻 *〈旬五志〉

권재족하【權在足下】 일을 척결하는 모든 권리가 모두 한 사람에게 달렸다는 말

귀신피지【鬼神避之】 스스로 알아서 행하면 귀신도 이를 피하여 해하지 못함을 이르는 말

규천호지【叫天呼地】 몹시 슬프거나 분할 때 하늘과 땅을 향해 울부짖는 일

극기복례【克己復禮】 자신의 지나친 욕심을 누르고 예의 범절을 따름 *〈論語〉

극성즉패【極盛則敗】 왕성함이 너무 지나치면 얼마 가지 못해서 패망함

근모실모【僅毛失貌】 작은 것에 구애되어 큰 것을 잊음을 비유한 말 *〈淮南子〉

금강견고【金剛堅固】 금강과 같이 견고하여 무엇이든지 깨뜨리고 어떤 물건에도 깨지지 않음을 가리키는 말

금고종신【禁錮終身】 죄과가 있거나 혹은 신분에 허물이 있어 일생 동안 벼슬길에 쓰이지 않는 일

금과옥조【金科玉條】 조금도 움직일 수 없는 금옥과 같이 귀중히 여기며 신봉하는 법칙이나 규정 *〈文選〉

금린옥척【錦鱗玉尺】 아름답게 보이고 맛도 좋으며 크기가 한 자 가량 되는 물고기를 이르는 말

금석지교【金石之交】 금석처럼 굳은 교분 *〈文選〉

금성탕지【金城湯池】 끓어오르는 연못에 둘러싸인 무쇠의 성이란 뜻. 방비가 아주 튼튼함을 이르는 말 *〈漢書〉

금수어충【禽獸魚蟲】 새와 짐승과 고기와 벌레. 즉 사람이 아닌 모든 동물의 뜻

금수지장【錦繡之腸】 비단결같이 고운 마음씨를 이름

금슬부조【琴瑟不調】 부부가 서로 화목하지 못한 것

금슬상화【琴瑟相和】 부부간의 의가 좋고 화목함을 비유하여 이르는 말 *〈詩經〉

금시발복【今時發福】 어떤 일을 한 뒤에 이내 좋은 수가 트이어 부귀를 누리게 됨을 이르는 말

금시작비【今是昨非】오늘은 옳고 어제는 그름. 곧 과거의 잘못을 비로소 깨닫는다는 뜻

금슬지락【琴瑟之樂】부부 사이의 다정하고 화목한 즐거움

금오옥토【金烏玉兎】금까마귀와 옥토끼란 뜻으로 해와 달을 비유한 말

금옥군자【金玉君子】몸가짐이 금옥과 같이 깨끗하고 점잖은 사람을 이르는 말

금의옥식【錦衣玉食】좋은 옷과 좋은 음식을 말함이니 사치스러운 생활을 이름 *〈宋史〉

금의일식【錦衣一食】비단옷과 흰쌀밥이란 뜻으로 사치스러운 의식이나 부유한 생활을 이르는 말

급어성화【急於星火】급하기가 마치 운성(隕星)의 빛과 같다 함이니, 매우 급하고 빠르다는 뜻

급전작하【急轉直下】어떤 일이나 형세가 갑자기 바뀌어 걷잡을 수 없이 막 내리밀림

기문지학【記問之學】글을 외기만 하고 제대로 이해하지 못한 얕은 학문의 뜻 *〈禮記〉

기색혼절【氣塞昏絶】숨이 막히고 정신이 아찔하여 까무러침

기세양난【其勢兩難】이럴 수도 저럴 수도 없음을 비유한 말

기인지우【杞人之憂】쓸데없는 군걱정. 무익한 근심거리 (준말) 기우 *〈列子〉

기장지무【旣張之舞】이미 벌린 춤이라는 뜻으로 시작한 일이므로 중간에 그만둘 수 없다는 말

기화요초【琪花瑤草】곱고 아름다운 꽃과 풀

길상선사【吉祥善事】더할 나위 없이 기쁘고 매우 좋은 일

ㄴ

나유금해【羅襦襟解】비단 속옷 깃이 보이게 풀어져 있는 것

낙극애생【樂極哀生】온갖 즐거움이 극도에 달하면 오히려 슬픔이 생김 *〈列女傳〉

낙낙신성【諾諾晨星】큰 인물이 점차 죽어가 그 수가 적게 남음을 비유한 말

낙목공산【落木空山】잎이 다 떨어져 앙상한 나무들만 서 있는 겨울철의 쓸쓸한 산을 이르는 말

낙목한천【落木寒天】나뭇잎이 다 떨어진 겨울의 춥고 쓸쓸한 풍경이나 그러한 계절을 이르는 말

낙미지액【落眉之厄】 눈썹에 떨어진 재앙이란 뜻으로 뜻밖에 생긴 위급한 재앙을 이르는 말

낙시고인【樂是苦因】 지나친 안락이 오히려 고난의 화근이 된다는 말

낙이망우【樂以忘憂】 즐거움에도취하여 근심을 잊음 *〈論語〉

낙필점승【落筆點蠅】 붓 떨어진 자리에 파리를 그렸다는 뜻으로 화가의 뛰어난 솜씨를 이르는 말 *〈吳錄〉

난만상의【爛漫相議】 시간을 두고 충분히 의논하는 일

난상가란【卵上加卵】 알 위에다 알을 포갠다는 뜻으로, 정성이 지극하면 하늘도 감동한다는 뜻의 말

난신적자【亂臣賊子】 나라를 어지럽게 하는 무리. 또는 임금을 해치는 신하와 어버이를 해치는 아들 *〈孟子〉

난언지지【難言之地】 말하기 어려운 처지

난원계친【蘭怨桂親】 사람이 세상에 나타나고 숨는데 따라 형세가 다른 것을 비유하는 말 *〈晉書〉

난의포식【暖衣飽食】 옷을 따뜻이 입고 배불리 먹음. 의식에 부족함이 없이 편안히 지냄

난중지난【難中之難】 어려운 가운데 더욱 어려움이 있다는 뜻으로 몹시 어렵다는 뜻 *〈天量壽經〉

난화지맹【難化之氓】 권력의 입장에서 지배하는 약한 백성들을 교화시키기 어렵다는 뜻의 말

날이불치【涅而不緇】 검은 빛에 물들이려 해도 물들지 않는다는 의미로 군자는 악에 물들지 않는다는 말

남가일몽【南柯一夢】 덧없는 한때의 꿈이라는 뜻으로, 한때의 부귀영화가 덧없음을 이르는 말 *〈大平廣記〉

남전생옥【藍田生玉】 현명한 아버지가 재능 있는 아들을 낳은 것을 칭찬하는 뜻 *〈三國志〉

남중일색【男中一色】 남자로서 얼굴이 아름답고 잘 생긴 사람을 이르는 말

남풍불경【南風不競】 남방의 풍악은 극히 미약하다는 뜻으로 힘이나 기세가 약한 것을 이르는 말 *〈春秋左氏傳〉

낭득허명【浪得虛名】 평판은 좋으나 아무런 실속이 없음

낭자야심【狼子野心】 이리와 같은 야심. 엉큼한 심보를 비유하여 이르는 말 *〈左傳〉

낭중취물【囊中取物】 주머니 속에 든 물건을 꺼내듯이 손쉽게 얻을 수 있음을 비유한 말 *〈五代史〉

낭청좌기【郎廳坐起】 아랫사람이 윗사람보다 더 지독함을 비유한 말

내소외친【內疏外親】속으로는 소홀히 하고 겉으로는 친하게 지내는 척하는 것을 뜻함

내인거객【來人去客】오는 사람, 가는 사람. 자주 오가는 많은 사람들

내자가추【來者可追】과거의 일은 어찌할 수 없지만 미래의 일은 잘할 수 있다는 뜻

내전보살【內殿菩薩】알고도 모른 체하고 무심하게 가만히 있는 사람의 비유

내청외탁【內淸外濁】속은 맑으나 겉으로는 흐린 체해야 난세를 살아갈 수 있다는 말 *〈大玄經〉

냉어침인【冷語侵人】매정한 말로 남의 마음을 찌름

노당익장【老當益壯】늙었어도 기운이 더욱 씩씩함. 늙어서는 뜻과 기백을 더욱 굳세게 지녀야 함 *〈後漢書〉

노류장화【路柳墻花】길가의 버들과 담 밑의 꽃은 누구든지 쉽게 만지고 꺾을 수 있다는 뜻에서 기생을 이름

노마지지【老馬之智】늙은 말의 지혜. 아무리 하찮은 것이라도 저마다 장점을 지니고 있다는 말 *〈韓非子〉

노말지세【弩末之勢】큰 활 끝의 세. 걷잡을 수 없이 퉁겨 나오는 세력을 이름

노명견폐【驢鳴犬吠】당나귀가 울고 개가 짖는다는 뜻으로 아무 쓸모 없는 것을 이르는 말 *〈世說新語〉

노발상충【怒髮上衝】대단히 성을 내어 머리털이 곤두섬

노방잔읍【路傍殘邑】오며 가며 찾아오는 높은 벼슬아치들을 대접하느라고 피폐해진 작은 고을

노사숙유【老士宿儒】학문이 깊은 늙은 선비

노승발검【怒蠅拔劍】귀찮게 구는 파리에 노하여 칼을 빼다는 뜻으로 작은 일에 화를 냄의 비유

노실색시【怒室色市】방 안에서 노하고 시장에서 노염을 나타낸다는 말

노이무공【勞而無功】온갖 애를 썼으나 아무런 보람이 없음

노이불사【老而不死】늙은 나이에 어려운 일이 자꾸 닥치어 꼴사나워서 죽고 싶어도 죽지 아니함을 한탄하는 말

노전분하【爐田分下】그 당시 현장에 있는 사람에게만 나누어 준다는 말

노주지분【奴主之分】'종과 상전의 나뉨'이라 함은 매우 거리가 멀어 바꿔 설 수 없는 대인관계를 이름

노지남자【魯之男子】사람의 행위를 배우는 데는 그 외형을 배우지 말고 마음을 배워야 함을 이르는 말 *〈詩經〉

노파심절【老婆心切】남을 위하여 지나치게 걱정을 함

능명지연【鹿鳴之宴】좋은 손님을 환대하는 연회 *〈詩經〉

녹의사자【綠衣使者】푸른 옷을 입은 사자라는 뜻으로 앵무새의 다른 명칭 *〈開元天寶遺史〉

녹의홍상【綠衣紅裳】연두색 저고리와 다홍치마. 젊은 여인의 고운 옷차림을 이르는 말

논인장단【論人長短】남의 잘잘못을 평가해서 말함

농가성진【弄假成眞】장난삼아 한 짓이 결과적으로는 진심으로 한 것처럼 됨

농교성졸【弄巧成拙】지나치게 솜씨를 부리다가 도리어 서툴게 됨 *〈傳燈錄〉

농불실시【農不失時】농사짓는 일은 제 때를 놓치지 말아야 한다는 뜻

뇌락장렬【磊落壯烈】기상이 쾌활하고 너그러우며 작은 일에 얽매이지 않는 기상이 큼

뇌봉전별【雷逢電別】우뢰같이 만났다가 번개같이 헤어진다는 뜻으로 잠깐 만났다가 곧 헤어짐

누란지위【累卵之危】알을 쌓아 놓은 것보다 더 위태로운 형세를 이르는 말 *〈史記〉

누진취영【鏤塵吹影】먼지에 새기고 그림자를 입으로 분다 함이니, 쓸데없는 헛수고를 이르는 말 *〈關尹子〉

능견난사【能見難思】능히 보고도 생각하기 어려움. 눈으로 잘 볼 수는 있으나 이치는 생각하기 어려운 일임

능곡지변【陵谷之變】높은 언덕과 골짜기가 서로 바뀐다는 뜻으로, 세상일의 극심한 변천의 비유 *〈晉書〉

능사필의【能事畢矣】해야 할 일은 모두 끝냈음. 할 수 있는 일은 모두 다했음 *〈易經〉

능운지지【陵雲之志】구름을 훨씬 넘는 높은 뜻. 속세에 초연한 태도. 또는 높은 지위에 오르려는 욕망

능자다로【能者多勞】재능이 있는 사람은 일을 잘하므로 필요 이상의 수고를 하게 된다는 말 *〈莊子〉

다기망양【多岐亡羊】학문의 길이 너무 다방면으로 나뉘어 있어 진리를 얻기가 어려움 *〈列子〉

다사제제【多士濟濟】여러 선비가 다 뛰어남. 뛰어난 인물이 많음 *〈詩經〉

다언수궁【多言數窮】 말이 많다보면 그로 인해 자주 곤경에 빠지는 일이 생김

다언혹중【多言或中】 말이 많으면 더러 맞는 말도 있음

다전선고【多錢善賈】 밑천이 많으면 앉아서도 돈을 범. 즉 돈이 돈을 번다는 말

다취다화【多嘴多話】 사람의 입이 많으면 그만큼 말도 많음

단간잔편【斷簡殘篇】 떨어져 나가고 빠지고 하여 온전하지 못한 책이나 문서

단갈불완【短褐不完】 가난한 사람이 제대로 예의를 갖추지 못한 옷차림

단금지교【斷金之交】 매우 정의가 두터운 친구간의 교분

단단무타【斷斷無他】 오로지 한 가지 신념 외에 품고 있는 딴마음이 없음

단단상약【斷斷相約】 아주 굳게 약속함

단무타려【斷無他慮】 다른 걱정은 할 필요가 조금도 없음을 이르는 말

단문고증【單文孤證】 오직 하나뿐인 증거라는 뜻으로 극히 박약함을 이르는 말

단불용대【斷不容貸】 단연코 용서하지 아니함

단사표음【簞食瓢飮】 도시락 밥과 표주박의 물이란 뜻으로 소박한 생활을 비유한 말 *〈論語〉

단사호장【簞食壺漿】 도시락과 단지에 담은 음료수. 간소한 음식을 마련하여 군대를 환영함 *〈孟子〉

단순호치【丹脣皓齒】 '붉은 입술과 하얀 이'라는 뜻. 여자의 썩 아름다운 얼굴을 이르는 말 *〈楚辭〉

단식표음【簞食瓢飮】 대그릇의 밥과 표주박의 물이라는 말로 가난한 생활

단엄침중【端嚴沈重】 단정하고 엄숙하고 침착하여 무게가 있음의 비유

단장보단【斷長補短】 긴 곳을 잘라 짧은 곳을 메꿔 들쭉날쭉한 것을 곧게 함

단칠불문【丹漆不文】 본래부터 아름답고 훌륭한 것은 단장할 필요가 없음

단표누공【簞瓢屢空】 청빈하게 삶 *〈論語〉

달인대관【達人大觀】 달인은 사물의 전체를 잘 헤아려 빠르게 판단하고 그릇됨이 없다는 말 *〈文選〉

담대심소【膽大心小】 사람은 담대하면서도 치밀한 주의력을 가져야 함을 이르는 말

담언미중【談言微中】완곡하게 상대방의 급소를 찌르는 말을 이르는 말 *〈史記〉

당구지락【堂構之樂】아들이 아버지의 사업을 계승하여 이루는 즐거움

당국자미【當局者迷】직접 그 일을 맡고 있는 사람이 오히려 그 실지 사정에는 어둡다는 뜻

당금무배【當今無輩】이 세상에서는 같이 어깨를 겨눌 만한 사람이 없다는 말 *〈三國吳志〉

당대발복【當代發福】부모를 좋은 묏자리에 장사함으로서 그 아들이 곧 부귀를 누리게 됨을 이름

당돌서시【唐突西施】가당치 않은 하찮은 사람과 같이 비교됨을 이르는 말 *〈書言故事〉

당랑재후【螳螂在後】눈앞의 이로움만 보고 해로움을 살피지 않으면 큰 해를 입는 것을 이름 *〈說苑〉

당래지사【當來之事】마땅히 닥쳐올 일

당래지직【當來之職】신분에 알맞은 벼슬이나 직분 또는 마땅히 차례가 돌아올 벼슬이나 직분을 이르는 말

대경소괴【大驚小怪】몹시 놀라서 좀 의아스럽게 여김

대공망일【大空亡日】아무 소망도 이루지 못하는 날

대공무사【大公無私】 일 처리가 개인적인 감정이 없고 공정하고 바르다는 말 *〈珍書〉

대교약졸【大巧若拙】 아주 능한 사람은 꾀도 쓰지 않고 자랑도 하지 않으므로 도리어 못난 것처럼 보임

대기소용【大器小用】 큰 그릇을 작은 용도로 쓴다는 뜻으로 큰 인물을 말직에 앉힘의 비유 *〈後漢書〉

대답양단【對踏兩端】 반대되는 양끝을 밟는다는 뜻으로 서로 다른 길을 간다는 말

대무지년【大無之年】 수확할 곡식이 전혀 없을 정도로 심한 흉년

대변여눌【大辯如訥】 말을 너무 잘하는 것은 도리어 말이 서툴러 보인다는 뜻

대불핍인【代不乏人】 시대마다 그때에 합당한 인물이 나서는 법이라는 말

대상부동【大相不同】 조금도 비슷한 데가 없고 아주 다름

대상입덕【大上立德】 사람의 가장 훌륭한 행실은 덕을 닦아 세상을 다스리어 사람을 구제하는 데 있음 *〈左傳〉

대성이왕【戴星而往】 별을 이고 간다는 뜻으로 날이 새기 전에 일찍 일어나 간다는 말

대성지행【戴星之行】 타향에서 아버지의 부음을 듣고, 밤을 잊고 돌아오는 길

대언불참【大言不慙】 실천 못할 일을 말로만 떠들어 대고 부끄러운 생각조차 없는 것 *〈論語〉

대한불갈【大旱不渴】 아무리 오래 가물어도 마르지 않을 만큼 샘이나 물이 많음을 이르는 말

덕륭존망【德隆尊望】 덕성과 인망이 높음

덕무상사【德無常師】 덕을 닦는데는 정해진 스승이 따로 없다는 말 *〈書經〉

도견와계【陶犬瓦鷄】 흙으로 빚은 개와 닭. 겉모양만 훌륭할 뿐 아무 짝에도 쓸모 없는 사람의 비유 *〈金樓子〉

도룡지기【屠龍之技】 용을 잡는 재주가 있음. 쓸데없는 재주를 가지고 있음을 이름 *〈莊子〉

도마죽위【稻麻竹葦】 어진 사람이 구름처럼 모여드는 낙원이란 뜻 *〈法華經〉

도문질타【到門叱咤】 남의 집 문앞에 이르러서 꾸짖고 책망한다는 말

도비순설【徒費脣舌】 헛되이 입술과 혀만 수고롭게 한다 함이니 부질없이 보람없는 말을 늘어놓음

도비심력【徒費心力】 부질없이 괜히 보람 없는 일에 애를 쓴다는 말

도삼촌설【徒三寸舌】 세 치의 혀를 흔든다는 뜻으로 웅변을 토함의 비유 *〈史記〉

도상가도【睹上加睹】 일이 거듭되면 될수록 어려움이나 부담이 보다 가중됨을 이르는 말

도소지양【屠所之羊】 도살장으로 끌려가는 양. 다 죽게 된 불행한 처지에 있는 사람을 비유한 말

도요시절【桃夭時節】 복사꽃이 아름답게 피는 시절. 처녀가 시집가기에 아주 좋은 꽃다운 시절을 이르는 말

도절시진【刀折矢盡】 칼이 부러지고 화살이 다했다는 뜻으로 기진맥진하여 싸울 기력이 없음

도증주인【盜憎主人】 도둑은 단지 자기를 해치려는 자를 싫어한다는 뜻 *〈左傳〉

도처낭패【到處狼狽】 하는 일마다 모두 실패하거나 되지 않는다는 말

도청도설【道聽塗說】 사실 무근의 풍문을 곧이곧대로 받아들인다는 뜻 *〈論語〉

도탄지고【塗炭之苦】 진흙길을 걷고 숯불 속으로 들어가는

고통. 백성의 심한 고통을 이름 *〈書經〉

도행역시【倒行逆施】도리를 어기고 행함. 순서를 바꾸어 실행한다는 말 *〈史記〉

독서삼도【讀書三到】독서하는 데는 눈으로 보고, 입으로 읽고, 마음으로 이해해야 된다는 뜻

독서삼여【讀書三餘】책 읽기에 알맞은 한가한 시간 셋. 즉 겨울과 밤과 비가 내릴 때

독서상우【讀書尙友】책을 읽으면 옛사람과도 벗이 되어 함께 놀 수 있다는 말 *〈孟子〉

독장난명【獨掌難鳴】손바닥 혼자는 소리를 내지 못함. 맞장구가 없으면 저 혼자 그러다 만다는 뜻

독책지술【督責之術】조정에서 백성을 핍박하여 심하게 부리는 술책 *〈史記〉

돈단무심【頓斷無心】사물에 대하여 도무지 탐탁하게 여기는 마음이 없음

돈제우주【豚蹄盂酒】돼지 발톱과 술 한 잔이라는 뜻으로 변변치 못한 음식 또는 물건 *〈史記〉

동가지구【東家之丘】남의 진가를 알지 못하고 도리어 경멸함을 비유한 말 *〈三國志〉

동가홍상【同價紅裳】같은 값이면 다홍치마. 같은 값이면 좋은 것을 택함 *〈松南雜識〉

동공이곡【同工異曲】같은 기술과 재주를 가졌더라도 만들어내는 물건은 각각 사람에 따라 다름

동구하갈【冬駒夏葛】겨울에는 털가죽을 입고 여름에는 칡으로 짠 베옷을 입음이 당연한 일

동도서말【東塗西抹】이리저리 간신히 꾸며대어 맞춤

동량지재【棟樑之材】한 집안이나 한 나라의 기둥이 될 만한 인물

동명상조【同明相照】대개 서로 비슷한 무리들이 한데 어울린다는 뜻 *〈史記〉

동서불변【東西不辨】동쪽과 서쪽을 분별하지 못할 정도로 아무것도 모름

동섬서홀【東閃西忽】동에 번쩍 서에 번쩍 사방을 분주히 돌아다님을 이르는 말

동성이속【同性異俗】사람의 천성은 본래 한 가지인데 습관에 따라서 여러 가지로 변함 *〈荀子〉

동업상구【同業相仇】같은 업을 경영하는 사람은 서로 배척함을 이르는 말 *〈素書〉

동온하정【冬溫夏凊】겨울에는 따뜻하게 여름에는 서늘하게
  한다는 말이니 부모를 섬기는 도리를 이름 *〈禮記〉

동우각마【童牛角馬】뿔이 없는 송아지와 뿔이 있는 말이란
  뜻으로 도리에 어긋남의 비유

동우상구【同憂相救】같은 걱정이 있는 사람끼리 서로 동정
  하고 돕는다는 말 *〈吳越春秋〉

동이불화【同而不和】겉으로는 동의를 표시하면서 내심으로
  그렇지 않다는 말 *〈論語〉

동첩견패【童輒見敗】일을 하려고 움직이기만 하면 꼭 실패
  를 본다는 말

동취서대【東取西貸】이곳 저곳 가리지 않고 여러 곳에서 빚
  을 짐

동행서주【東行西走】되는 일도 없으면서 여러 곳으로 바삐
  돌아다님을 이르는 말

득불보실【得不補失】얻은 것으로는 그 잃은 것을 메워 채우
  지 못한다는 뜻으로 손해가 됨의 뜻

득소실다【得少失多】얻은 것보다 잃은 것이 많음

득실상반【得失相半】얻은 것과 잃은 것이 서로 반반이어서
  별로 이득도 없고 손해도 없음

득의지추【得意之秋】 바라던 일이 뜻대로 이루어져 통쾌한 때를 비유

등고필부【登高必賦】 군자는 높은 산에 오르려면 반드시 시를 읊어서 그의 심중에 쌓인 생각을 풀음

등하불명【燈下不明】 등잔 밑이 어둠. 가까이 있어도 보이지 않음을 비유한 말

등화가친【燈火可親】 가을밤은 등불을 가까이 하여 글을 읽기에 좋다는 말 *〈韓愈〉

등루거제【登樓去梯】 높은 누에 오르라 하고 오른 뒤에 사다리를 치운다는 뜻. 사람을 꾀어서 어려운 처지에 빠지게 함을 비유한 말

마각노출【馬脚露出】 마각을 드러냄. 숨기고 있던 일을 은연중에 드러내는 일을 말함 *〈元曲〉

마권찰장【摩拳擦掌】 단단히 벼르고 기운을 모아 기회를 기다린다는 뜻

마두출령【馬頭出令】 갑작스럽게 명령을 내림

마정방종【摩頂放踵】이마를 부딪쳐 발뒤축까지 다침

ㅁ·천철연【磨穿鐵硯】학문에 열중하여 딴 데 마음을 두지 않음을 이르는 말 *〈五代史〉

마피모장【馬疲毛長】피로한 말은 몸이 마르고 털만 길게 자란다는 것의 비유

막감수하【莫敢誰何】상대편을 누구도 감히 건드리지 못함

막비명야【莫非命也】세상 모든 일이 다 타고난 운수 소관이라는 말

막역지우【莫逆之友】마음이 맞아 서로 거스르는 일이 없는 생과 사를 같이할 수 있는 친한 벗 *〈莊子〉

막지동서【莫知東西】동서를 분간하지 못함. 사리를 모를 만큼 어림

막현호은【莫見乎隱】어두운 곳은 도리어 밖으로 드러난다는 것을 비유한 말 *〈中庸〉

만경창파【萬頃蒼波】한없이 넓은 바다나 호수의 푸른 물결

만고절색【萬古絕色】세상에 유례가 없을 만큼 뛰어난 미인을 이르는 말

만구성비【萬口成碑】여러 사람이 칭찬하는 것은 칭찬받는 이의 송덕비를 세워 주는 것과 같음을 이르는 말

만구일담【萬口一談】여러 사람의 말이 일치함

만년불패【萬年不敗】매우 기반이 튼튼하여 오래도록 잘못 되지 아니한다는 말

만년지택【萬年之宅】오래 견디도록 기초를 아주 튼튼하게 잘 지은 집

만단설화【萬端說話】가슴 속에 서리고 서린 모든 이야기

만대불후【萬代不朽】오랜 세월을 두고 썩어 없어지지 않음

만륙유경【萬戮猶輕】죄악이 너무나 커서 만 번을 죽여도 오히려 그 벌이 가벼움

만맥지방【蠻貊之邦】만맥이 살던 나라. 즉 문화가 아주 뒤떨어진 나라를 이르는 말

만면수색【滿面愁色】얼굴이 가득히 나타난 근심의 빛

만목수참【滿目愁慘】눈에 띄는 모든 것이 슬프고 처참함

만불실일【萬不失一】조금도 틀림이 없음. 실수가 한 번도 없다는 말 *〈史記〉

만사무석【萬死無惜】죄가 너무 무거워서 만 번을 죽는다 하여도 아까울 것이 없음을 이르는 말

만사무심【萬事無心】모든 일에 관심이 없음. 또는 어떤 근심이 있어 만사가 시들하여 마음을 쓰는 일이 없음

만사여의【萬事如意】 모든 일이 뜻과 같이 잘됨

만사휴의【萬事休矣】 모든 일이 끝났다는 뜻으로 어떻게 달리 해볼 도리가 없음 *〈宋史〉

만시지탄【晚時之歎】 기회를 놓쳐 뒤늦었음을 안타까워하는 탄식. 때늦은 한탄

만슬우환【滿室憂患】 한 집안에 앓는 사람이 많음의 비유

만우난회【萬牛難回】 만 마리의 소가 끌어도 돌리기 어렵다는 뜻으로 고집이 아주 센 사람을 비유한 말

만장홍진【萬丈紅塵】 하늘 높이 솟아오르는 먼지. 즉 한없이 구차스럽고 번거로운 속세

만화방창【萬化方暢】 봄에 만물이 한창 자라남의 비유

말대필절【末代必折】 가지가 굵으면 반드시 줄기가 부러짐. 지족(支族)이 강대하면 종가가 쓰러짐의 비유

망국지음【亡國之音】 나라를 망치는 음악. 저속하고 잡스러운 음악을 이르는 말 *〈韓非子〉

망년지우【忘年之友】 연장자가 나이에 거리낌 없이 허물없이 대하여 사귄 친구

망목불소【網目不疎】 그물코가 성기지 않다는 뜻으로 법률이 상세함의 비유

망무두서【茫無頭緖】정신이 아득하여 갈피를 잡을 수 없음

망문생의【望文生義】한자의 본 뜻을 잘 파악하지 않고 글자의 배열만 보고 그럴싸하게 해석함

망문투식【望門投食】객지에서 노자가 떨어져 남의 집을 찾아가 끼니를 얻어먹음

망식열후【忙食咽喉】급히 먹은 밥이 목이 멤. 일을 급히 서두르면 실패하기 쉬움 *〈旬五志〉

망운지정【望雲之情】멀리 구름을 바라보며 어버이를 생각함. 어버이를 그리워하는 마음 *〈舊唐書〉

망자계치【亡子計齒】죽은 자식 나이 세기. 이미 그릇된 일을 생각하고 아쉬워해도 소용없음

망자존대【妄自尊大】망령되이 자기만 잘났다고 뽐내어 자신을 높이고 남을 업신여김 *〈後漢書〉

망풍이미【望風而靡】소문에 미리 겁을 먹고 맞서려고도 하지 않고 뿔뿔이 흩어져 도망감

망형지교【忘形之交】신분, 지위, 학벌에 구애받지 않고 친하게 사귐. 격의 없는 교재를 말함 *〈唐書〉

매궤환주【買櫃還珠】쓸데없는 것에 현혹되어 소중한 것을 잊어버림 *〈韓非子〉

매문매필【賣文賣筆】돈을 벌려고 실속 없는 글을 짓거나 또는 글씨를 써서 판매함

매염봉우【賣鹽逢雨】소금을 팔다가 비를 맞음. 일에 마가 끼어서 잘 안 됨 *〈松南雜識〉

매처학자【梅妻鶴子】매화를 처로 삼고 학을 아들 삼음. 속세를 멀리하여 산간에 숨어사는 선비

맥수양기【麥穗兩岐】보리 한 줄기에 두 가지씩 이삭이 맺혔다 함이니 풍년이 되었음을 뜻함 *〈漢書〉

맥수지탄【麥秀之嘆】나라가 망한 것을 한탄함 *〈史記〉

맹산서해【盟山誓海】영구히 존재하는 산이나 바다 같이 변치 않을 것을 굳게 맹세함

맹완단청【盲玩丹靑】소경이 단청을 구경하듯이 알지도 못한 위인이 아는 체한다는 뜻

맹자실장【盲者失杖】장님이 지팡이를 잃은 것처럼 믿고 의지할 곳이 없어짐 *〈陳同甫集〉

맹호복초【猛虎伏草】사나운 범이 풀 숲에 엎드려 있음. 영웅이 때를 기다려 한때 숨어 지냄을 이르는 말

면력박재【綿力薄材】힘이 없어 솜처럼 약하고 재능조차 없음을 이름 *〈漢書〉

면리장침【綿裏藏針】솜 속에 바늘을 감추어 꽂음. 겉으로는 부드러운 듯하나 속으로는 아주 흉악함을 이름

면면상고【面面相顧】말 없이 서로 얼굴만 물끄러미 바라봄

면무인색【面無人色】몹시 놀라거나 두려워서 얼굴에 핏기가 없음의 비유

면벽구년【面壁九年】한 가지 일에 오랫동안 심혈을 기울임을 비유한 말 *〈傳燈錄〉

면색여토【面色如土】낯빛이 흙과 같음. 놀람과 근심이 커서 얼굴빛이 달라짐의 비유

면장우피【面張牛皮】얼굴에 쇠가죽을 발랐다는 뜻으로 뻔뻔한 사람을 가리키는 말

면종후언【面從後言】보는 앞에서는 복종하는 체하면서 뒤에서는 헐뜯고 욕함 *〈書經〉

명견만리【明見萬里】먼 일이나 앞일을 훤히 내다봄을 비유하여 이르는 말

명경불피【明鏡不疲】맑은 거울은 많은 사람의 얼굴을 비쳐도 흐려지지 않음을 이르는 말 *〈世紀〉

명과기실【名過其實】널리 알려진 사실이나 이름이 실지의 내용보다 지나침

명기누골【銘肌鏤骨】살갗에 표시하고 뼈에 새김. 깊이 마음에 새기어 잊지 않음

명명지지【冥冥之志】마음속에 깊이 간직하고 외부에 드러내지 않음을 뜻함

명모호치【明眸皓齒】눈동자가 맑고 이가 희다는 뜻으로 미인을 일컬음

명목장담【明目張膽】눈을 밝게 뜨고 쓸개를 크게 펼친다는 뜻으로 용기를 내어 말함

명성자심【名聲藉甚】평판이 세상에 아주 널리 퍼짐

명세지재【命世之才】세상을 구할 만한 뛰어난 인재

명심누골【銘心縷骨】마음에 간직하고 뼈에 새김. 은덕을 입은 것을 잊지 않는다는 말

명심불망【銘心不忘】마음속 깊이 새겨 오래 잊지 아니함

명약관화【明若觀火】불을 보는 듯이 더 말할 것 없이 명백함. 뻔함

명월위촉【明月爲燭】방에 비치는 밝은 달빛을 촛불로 삼는다는 뜻의 비유 *〈唐書〉

명재경각【命在頃刻】거의 죽게 되어 숨이 곧 끊어질 지경에 이르렀음

명존실무【名存實無】이름만 있고 실상은 없는 것, 즉 공연히 유명하기만 하였지 아무 실속 없음

명창정궤【明窓淨机】밝은 창에 깨끗한 책상. 검소하고 정결한 서재를 이르는 말

명철보신【明哲保身】총명하고 사리에 밝아서 이치에 맞게 일을 처리하며 자신을 잘 보전함 *〈詩經〉

모수자천【毛遂自薦】자기 스스로 자신을 추천함

모야무지【某也無知】어두운 밤중에 하는 일이라 보고 듣는 사람이 없음. 아는 사람이 없음

목본수원【木本水源】나무가 물의 근원임. 자식은 자기의 근본이 부모임을 생각해야 함 *〈左傳〉

목불식정【目不識丁】낫 놓고 기역자도 모름. 배운 것이 없어 무식함

목석간장【木石肝腸】나무나 돌과 같이 아무런 감정도 표정도 없는 마음

목전지계【目前之計】앞날을 내다보지 못하고 눈앞에 보이는 한때만 생각하는 꾀

몽망착어【蒙網捉魚】그물을 머리에 쓰고 고기를 잡는다는 뜻으로 우연히 운이 좋았음의 비유

몽중몽몽【夢中夢夢】꿈속에서 또 꿈을 꿈. 인간 세상이 지극히 덧없고 허무함을 이르는 말 *〈莊子〉

몽중상심【夢中相尋】몹시 그리워 꿈속에서까지 찾는다는 뜻으로 친밀함을 이르는 말

몽중설몽【夢中說夢】꿈속에서 꿈 이야기하듯이 요령을 잡을 수 없음의 비유

묘두현령【猫頭縣鈴】고양이 목에 방울달기. 곧 실행하기 어려운 공론(空論)을 말함

무가지보【無價之寶】값을 매길 수 없을 만큼 귀중한 보배

무계지언【無稽之言】근거 없는 소문을 가지고 아무 생각없이 함부로 말함

무그지민【無故之民】부모가 없는 어린이나 아내나 남편이 없는 노인처럼 의지할 데가 없는 백성

무괴어심【無愧於心】언행이 정직해서 마음에 조금도 부끄러울 것이 없음

무도몰륜【無道沒倫】사람이 마땅히 지켜야 할 도리도 없고 인륜도 없음

무망지인【毋望之人】위험에 처했을 때 청하지 않아도 스스로 찾아와 구해 주는 사람을 비유한 말 *〈史記〉

무면도강【無面渡江】 뜻을 이루지 못해 고향에 돌아갈 면목이 없음 *〈史記〉

무문농필【舞文弄筆】 문서를 마음대로 고치거나 법규의 적용을 마음대로 농락함 *〈史記〉

무본대상【無本大商】 밑천 없이 하는 큰 장수. 도둑을 비꼬아 이르는 말

무불간섭【無不干涉】 자기에게 관계가 있건 없건 무슨 일이고 함부로 나서서 아무 데나 참견함

무불통지【無不通知】 모르는 것 없이 다 앎

무사가답【無辭可答】 사리가 옳기 때문에 무어라고 대답할 말이 없음

무사자통【無師自通】 가르쳐 주는 스승이 없이 스스로 연구, 공부하여 깨쳐 알아냄

무산지운【巫山之雲】 남녀간의 애정이 깊음의 비유

무상무벌【無賞無罰】 벌 받을 것도 없고 상 받을 것도 없음

무용지용【無用之用】 세상에 쓰여지지 않는 것이 도리어 크게 쓰여짐 *〈莊子〉

무위이치【無爲而治】 성인(聖人)의 덕이 커서 백성이 감화를 입어 나라가 저절로 다스려짐

무위이화【無爲而化】 애써 공들이지 않아도 스스로 잘 이루어진다는 말 *〈老子〉

쿠이무삼【無二無三】 오직 하나로서 비할 것이 없음. 곧 매우 열중하는 모양의 비유

무일불성【無一不成】 하나도 이루지 못할 일이 없음. 무엇이든 안 되는 일이 없음

무장공자【無腸公子】 담력이나 기개가 없는 사람을 비웃어 이르는 말

무장지졸【無將之卒】 장수 없는 병졸. 지도자가 없는 단체나 집단을 이르는 말

무재아귀【無財餓鬼】 극히 가난하여 음식을 목으로 넘길 수 없는 아귀 같은 귀신

무정지책【無情之責】 아무 까닭 없이 하는 책망

무족가관【無足可觀】 사람의 됨됨이가 보잘 것이 없음

무중생유【無中生有】 아무 일도 없는 데서 억지로 말썽거리를 만들어 냄

무처부당【無處不當】 감당해 내지 못할 것이 없음

무축단헌【無祝單獻】 제사 지낼 때에 축문도 없이 술을 한 잔만 올리는 일

묵자읍사【墨子泣絲】 인간은 환경이나 습관에 따라 성질이 변할 수 있음 *〈淮南子〉

묵적지수【墨翟之守】 자기의 의견이나 주장을 굽히지 않고 끝까지 지킴 *〈墨子〉

문과수비【文過遂非】 잘못된 허물을 어물어물 숨기고 뉘우치지 않음

문과식비【文過飾非】 잘못을 뉘우치지 않고 오히려 꾸며대며 전보다 더 잘난 체를 함

문도어맹【問道於盲】 소경에게 길을 물음. 아무 효과가 없음을 비유한 말 *〈韓愈의 書〉

문수지복【紋繡之服】 무늬가 돋보이게 아름다운 수를 놓은 비단으로 지은 옷

문아풍류【文雅風流】 시문을 짓고 읊는 풍류

문안시선【問安視膳】 안부를 묻고 반찬의 맛을 살핀다는 뜻으로, 어른을 잘 모시고 받드는 모양

문일지십【聞一知十】 한 가지를 듣고 열 가지를 미루어 안다는 뜻으로 매우 총명함을 이르는 말 *〈論語〉

문질빈빈【文質彬彬】 겉모양의 아름다움과 속내의 아름다움이 서로 잘 어울려 조화를 이룬 모양 *〈論語〉

물각유주【物各有主】 모든 물건에는 제각기 임자가 있음

물경소사【勿輕小事】 작은 일이라도 경솔하게 처리하지 말라 이르는 말

물성즉쇠【物盛則衰】 무슨 사물이든 한때 성하면 반드시 쇠퇴하는 때가 옴 *〈戰國策〉

물심일여【物心一如】 자연물과 자아(자신)가 하나가 된 상태

미달일간【未達一間】 모든 것에 다 밝고 익숙하여도 어느 한 가지 일에만은 서툼

미생지신【尾生之信】 쓸데없는 것인데도 한번 맺은 약속만을 굳게 지키고 융통성이 없음을 비웃는 말 *〈莊子〉

미지숙시【未知孰是】 누가 옳은지 알 수 없음

민고민지【民膏民脂】 백성의 피와 땀. 곧 백성에게서 조세로 거둔 돈이나 곡식을 이르는 말

민궁재갈【民窮財渴】 백성의 생활이 군색하고 나라의 재물은 다 말라 없어짐의 비유

민보어신【民保於信】 백성은 신의가 있을 때 안정된다는 말. 신의에 의해서만 백성은 잘 다스려짐

민천지심【旻天之心】 만물을 너그럽게 돌보아 주는 하늘의 마음을 이르는 말

ㅂ

박고지금【博古知今】 널리 옛날 일을 알면 오늘날의 일도 미루어 알게 됨

박문강기【博聞强記】 사물에 대하여 널리 듣고 보고 그것을 잘 기억하고 있음

박문약례【博文約禮】 널리 학식을 쌓아서 그것을 예(禮)로써 집약하여 사물의 본질을 터득함

박물군자【博物君子】 온갖 사물에 막힘이 없고 정통한 사람을 비유하여 이르는 말

박순경언【薄脣輕言】 말이 많고 입이 가벼운 사람을 비하하여 이르는 말 *〈黃帝內經〉

박시제중【博施濟衆】 널리 사랑과 은혜를 베풀어 많은 사람을 구제함 *〈論語〉

박이부정【博而不精】 넓게 알고는 있으나 자세하지 못함

박지약행【薄志弱行】 뜻과 행실이 약하여 어려움을 견디지 못한다는 말

반계곡경【盤溪曲徑】 일을 순리대로 하지 않고 옳지 않은 방

법을 써서 억지로 함

반도이폐【半途而廢】일을 하다가 중도에서 그만두는 것

반면지분【半面之分】극히 얕은 교분. 일면지분(一面之分)도 못되는 교분을 일컬음 *〈後漢書〉

반박지탄【斑駁之嘆】편파적이고 불공정함에 대한 개탄.

반복무상【反覆無常】배반하였다 복종하였다 하여 그 태도가 늘 한결같지 않음

반복소인【反覆小人】언행이 늘 이랬다저랬다 하여 그 마음을 헤아릴 수 없는 옹졸한 사람

반상반하【半上半下】위아래 어느 쪽에도 들지 않는다는 뜻으로 성질이나 태도가 모호함을 이르는 말

반생반사【半生半死】거의 죽게 되어서 생사를 알 수 없는 지경에 이르렀다는 말

반생불숙【半生不熟】반쯤은 설고 반쯤은 익었다는 말

반승반속【半僧半俗】반은 중이요 반은 속인임. 즉 무어라고 뚜렷한 명목을 붙이기 어려운 것을 비유한 말

반수반성【半睡半醒】자는 둥 마는 둥 하는 아주 얕은 잠

반수발사【半首拔舍】머리는 헝클어지고 옷은 헤어진 초라한 모습으로 밖에서 잠

반식재상【伴食宰相】아무 능력 없이 자리만 지키고 있는 무능한 재상을 비꼬는 말 *〈舊唐書〉

반자지명【半子之名】사위를 거의 아들과 똑같이 여김

반포지효【反哺之孝】자식이 자라서 어버이가 길러준 은혜에 보답하는 효성

반흉반길【半凶半吉】길흉이 서로 반반씩 섞임. 한편 길하기도 하고 한편 흉하기도 함

발단심장【髮短心長】몸은 늙었으나 일을 잘 기획하고 처리한다는 말 *〈左傳〉

발란반정【撥亂反正】어지러운 세상을 다스려 평안하게 하고 나쁜 임금을 폐하고 새 임금이 들어섬

발안중정【拔眼中釘】눈에 박힌 못을 뺀다는 뜻으로 탐관오리나 악인을 제거함을 비유한 말 *〈五代史〉

방기곡경【旁岐曲徑】꾸불꾸불한 길. 공명하고 정당한 방법을 떠나서 옳지 못한 길로 들어 일을 함

방언고론【放言高論】마음먹은 대로 생각 없이 아무 거리낌 없이하는 소리

방장부절【方長不折】한창 자라는 초목은 꺾지 않음. 장래성이 있는 사람에게 헤살을 놓지 않음

방저원개【方底圓蓋】네모진 밑바닥에 둥근 뚜껑을 덮는 것처럼 서로 맞지 않음의 비유 *〈顔氏家訓〉

방휼지세【蚌鷸之勢】둘이 서로 끝까지 다투다가 결국은 제삼자에게 이익을 주게 되는 형세

배도겸행【倍道兼行】이틀에 갈 길을 하루에 걸음 *〈史記〉

배반낭자【杯盤狼藉】술잔과 접시가 어지럽게 흩어져 있다는 뜻으로 술을 먹으며 한창 노는 모양 *〈史記〉

배산임수【背山臨水】땅의 형세가 산을 등지고 앞에 물이 있다는 표현

배수지진【背水之陣】물을 등지고 진을 침. 죽음을 각오하고 결사적으로 승부에 임함 *〈史記〉

배암투명【背暗投明】어둠을 등지고 밝은 데로 나아감. 잘못된 길을 버리고 바른 길로 나아감

배회고면【徘徊顧眄】목적 없이 이리저리 거닐면서 여기저기를 기웃거림

백가쟁명【百家爭鳴】많은 학자나 논객이 거리낌없이 자유로이 논쟁하는 일

백계무책【百計無策】어려운 일을 당하여 아무리 좋은 계책을 다 써 봐도 아무 소용이 없음

백고불마【百古不磨】 몇백 년 후까지도 마멸되지 않고 남음

백공천창【百孔千瘡】 백의 구멍, 천의 부스럼, 곧 상처투성이란 뜻으로 갖가지 폐단으로 엉망진창이 된 상태

백귀야행【百鬼夜行】 온갖 잡귀가 밤에 다닌다는 뜻으로 아주 흉악한 무리들이 날뛰는 어지러운 세상을 이르는 말

백두여신【白頭如新】 마음이 맞지 않는 사람은 오래 사귀어도 갓 사귄 사람처럼 정이 두텁지 못하다는 말

백리지재【百里之才】 백 리쯤되는 땅, 곧 한 고을만 맡아 다스릴 만한 수완이나 도량이 있는 사람 *〈三國志〉

백만교태【百萬嬌態】 사람의 마음을 끌려고 부리는 매우 아양스러운 태도

백무일취【百無一取】 많은 말(言)과 행실 중에 하나도 쓸 만한 것이 없음

백벽미하【白璧微瑕】 희고 아름다운 구슬에 있는 조그만 흠. 거의 완전하나 약간의 흠이 있음을 비유한 말

백보천양【百步穿楊】 100보 밖의 버드나무 잎을 맞춘다는 뜻으로 명궁(名弓)을 일컫는 말 *〈史記〉

백사불성【百事不成】 하는 일마다 이루어지는 일이라고는 아무것도 없음

백세지사【百世之師】 후세에까지 모든 사람의 스승으로 우러름을 받을 만한 사람

백수북면【白首北面】 재덕이 없는 사람은 늙어서도 아직 북쪽을 향하여 스승의 가르침을 빈다는 말 *〈文中子〉

백악구비【百惡具備】 사람됨이 고약하여 온갖 나쁜 것이 다 갖추어져 있다는 말

백약지장【百藥之長】 백약의 으뜸이라는 뜻으로 술을 달리 이르는 말 *〈漢書〉

백옥무하【白玉無瑕】 흠이 없는 흰 구슬. 아무 흠이 없는 원만한 사람의 비유

백이사지【百爾思之】 이모저모로 많이 생각함

백절불굴【百折不屈】 백 번 꺾여도 굽히지 않음. 어떠한 어려움에도 굽히지 않음

백지애매【白地曖昧】 까닭 없이 죄를 입고 화를 당함

백폐구존【百弊俱存】 온갖 폐단이 모두 있음

백홍관일【白虹貫日】 흰 무지개가 해를 뚫음은 나라에 난리가 날 징조. 또는 정성이 하늘을 감동시킨 징조

백흑지변【白黑之辨】 시와 비, 선과 악, 참과 거짓 따위를 구별하고 가려내는 일

번문욕례【繁文縟禮】번거롭게 형식만 차려서 까다롭게 만든 규칙이나 예절

번연개오【幡然開悟】모르던 이치를 문득 깨달음

벌목지계【伐木之契】깊은 산 속에서 나무하는 두 벗의 우정처럼 아주 친밀한 사이의 교제 *〈詩經〉

변난공격【辯難攻擊】여러 가지를 들춰내어 비난하며 공격함

병불리신【病不離身】병이 몸에서 떠날 날이 없음

병상첨병【病上添病】앓는 가운데 또 다른 병이 겹쳐 일어남을 비유하는 말

병인기구【竝因其舊】모두 다 그 옛날 것을 수정하거나 보완하지 않고 그대로 따름 *〈牧民心書〉

병자구입【病自口入】병은 입으로부터 들어감. 음식에 병균이 섞여 들어가 병이 남을 이름

병조적간【兵曹摘奸】병조가 간신을 들추어낸다는 뜻으로 엄격하고 철저한 조사를 이르는 말

병풍상서【病風傷暑】바람에 병들고 더위에 상한다는 뜻. 세상의 온갖 고생에 시달림

보거상의【輔車相依】수레의 덧방나무와 바퀴처럼 떨어질 수 없는 밀접한 관계로 서로 돕고 의지함 *〈左傳〉

보본반시【報本反始】근본을 잊지 않음 *〈禮記〉

보신지책【保身之策】자신의 안전을 지켜나가는 계책

보원이덕【報怨以德】원수를 은혜로 갚음 *〈老子〉

복과재생【福過災生】복이 지나치면 도리어 재앙이 생김

복과화생【福過禍生】지나친 행복은 자칫 재해를 가져오는 원인이 되기도 함 *〈宋書〉

복룡봉추【伏龍鳳雛】엎드려 있는 용은 제갈공명이고 봉의 새끼란 방사원을 이름. 즉 특출한 인물을 비유하는 말

복명복창【復命復唱】상관에게서 명령과 임무를 받고 곧 되풀이하여 그 일을 수행하겠음을 외치는 말

복모구구【伏慕區區】'삼가 사모하는 마음 그지 없습니다'라는 뜻으로 한문식 편지에 씀

복배지수【覆盃之水】이미 엎지른 물이라는 말로 다시 수습하기 어렵다는 말

복생유기【福生有基】복이 오는 것은 그 원인이 있음

복선화음【福善禍淫】착한 사람에게는 복이 오고 악한 사람에게는 재앙이 옴

복수불수【覆水不收】엎지른 물은 다시 그릇에 담을 수 없다는 말 *〈拾遺記〉

복심지신【腹心之臣】 마음을 한 가지로 하고 덕을 함께 하는 신하 *〈詩經〉

본비아토【本非我土】 뜻밖에 얻은 물건은 잃어버려도 별로 섭섭함이 없다는 말

봉명사신【奉命使臣】 특별히 임금의 명령을 받들고 외국으로 가는 사신

봉모인각【鳳毛麟角】 봉황의 털과 기린의 뿔. 뛰어난 인물을 비유하여 이르는 말

봉방수와【蜂房水渦】 벌집에 벌이 모이고 소용돌이에 물이 모여들 듯이 많이 모여듦을 비유하여 이름

봉시장사【封豕長蛇】 큰 돼지와 긴 뱀이란 뜻. 잔인하고 탐욕스러운 사람 *〈左傳〉

봉의군신【蜂蟻君臣】 하찮은 개미나 벌에게도 임금과 신하의 구별이 엄연히 있다는 말

봉인첩설【逢人輒說】 만나는 사람마다 붙들고 지껄여 소문을 널리 퍼뜨림

봉접수향【蜂蝶隨香】 벌과 나비가 향기를 따라옴

부가범택【浮家泛宅】 물 위에 떠다니며 집처럼 살림을 하고 사는 배 *〈新唐書〉

부고발계【婦姑勃谿】며느리와 시어머니가 서로 다툼

부귀재천【富貴在天】사람의 부귀는 하늘에 매어 있어 인력으로는 어찌할 수 없음

부달시의【不達時宜】지나치게 완고하여 시대의 흐름에 적응하려는 융통성이 없음

부답복철【不答覆轍】선인(先人)의 실패를 본보기로 되풀이하지 않음

부대불소【不大不小】크지도 작지도 않고 딱 알맞음

부득기위【不得其位】훌륭한 능력을 가지고도 그 능력을 펴 볼 만한 자리를 얻지 못함

부복장주【剖腹藏珠】이익을 위하여 내 몸을 해치는 일은 삼갈 것을 이르는 말 *〈通鑑綱目〉

부생여몽【浮生如夢】덧없는 인생은 항상 허무한 꿈과 같음

부생지론【傅生之論】사형에 처할 죄에 이의가 있을 때 형벌을 감하기를 주장하는 변론

부속지루【負俗之累】훌륭한 사람이 한동안 세상 사람들의 쓸데없는 희롱을 받게 되는 괴로움

부수반환【負手盤桓】뒷짐을 지고 머뭇거림. 어찌할 바를 모른다는 뜻으로 쓰임

부수청령【俯首聽令】 윗사람의 위엄에 눌려 고분고분 명령에 따름

부신입화【負薪入火】 섶을 지고 불로 뛰어 들어감

부앙일세【俯仰一世】 세상의 이치를 거스르지 않고 순응하여 행동하는 것을 이름 *〈王羲之의 蘭亭記〉

부이지언【附耳之言】 속삭이는 귓속말 *〈淮南子〉

부인지성【婦人之性】 남자로서 여자처럼 가냘프고 편벽되고 속이 좁은 성질

부인지인【婦人之仁】 남자가 여자같이 과단성이 없고 편벽되고 어질기만 함 *〈史記〉

부자자효【父慈子孝】 아비된 자는 자애를 중요하게 생각하며 자식된 자는 효행을 중요하게 행해야 함 *〈禮記〉

부자취우【父子聚麀】 짐승은 예가 없음을 비유한 말로 부자(父子)가 같은 암놈에 관계함의 비유

부장지약【腐腸之藥】 창자를 썩히는 약이란 뜻으로 좋은 음식과 술을 비유한 말

부재다언【不在多言】 여러 말 할 것 없이 바로 결정함

부재지족【富在知足】 만족할 줄 알아야 부자가 됨

부전절골【不全折骨】 뼈의 한 부분만이 부러진 골절

부정모혈【父精母血】아버지의 정과 어머니의 피. 자식은 정신과 몸을 부모에게서 물려받았음의 비유

부중생어【釜中生魚】솥 안에 물고기가 생겼다는 뜻으로 매우 가난함을 비유한 말

부중지어【釜中之魚】솥 안에 든 물고기. 죽음이 눈앞에 닥쳐옴을 이르는 말 *〈後漢書〉

부즉다사【富則多事】재물이 많으면 귀찮은 일이 많음

부지경중【不知輕重】물건의 분량을 모를 정도임으로 판단을 그르침을 이르는 말

부지육미【不知肉味】어떤 한 가지 일에 깊이 전념하여 다른 일은 모름

부채여산【負債如山】남에게 진 빚이 산더미같이 굉장히 많음을 이르는 말

부탕도화【赴湯蹈火】물불을 가리지 않고 뛰어든다는 말로 목숨을 내놓고 일함

부회지설【附會之說】이치에 닿지 않는 사실을 억지로 끌어다 맞춤

분문열호【分門裂戶】한 친척이나 한 당파 속에서 서로 패가 갈림

분토지언【糞土之言】도리에 어긋난 가치 없는 말. 이치에 닿지 않는 천한 말 *〈左傳〉

불가구약【不可救藥】계획한 일이 실패하여 도저히 수습할 길이 없음 *〈詩經〉

불가구힐【不可究詰】내용이 복잡하고 미묘하여 진상을 밝힐 수가 없음

불가사야【弗可赦也】용서할 수 없는 말임으로 천벌을 받아 마땅하다는 뜻 *〈左傳〉

불감생심【不敢生心】마음은 있는데 힘에 겨워서 감히 할 생각도 내지 못함

불감폭호【不敢暴虎】맨 주먹으로 감히 맹수를 치지 못한다는 말로 모험을 하지 않음 *〈詩經〉

불계시성【不戒視成】미리 시키지도 않고 있다가 일이 눈앞에 닥쳤을 때에야 그 일을 성취하라고 책망함

불계지주【不繫之舟】매여 있지 않은 배란 뜻으로 무념무상의 경지를 이르는 말

불고이거【不告而去】뒤도 돌아다보지 아니하고 앞만 보고 그대로 함

불공자파【不攻自破】공격하지 않아도 제 스스로 깨어짐

불구문달【不求聞達】유명해지기를 바라지 않음. 명예를 구하지 않는다는 말

불긍저의【不肯底意】마음속으로 승낙하지 않음

불농불상【不農不商】농사도 장사도 하지 않고 놀고 지냄

불려호획【弗慮胡獲】무슨 일이든지 신중히 생각하지 않으면 좋은 결과를 얻을 수가 없음 *〈書經〉

불령지도【不逞之徒】나라에 대하여 원한이나 불평·불만을 품고 구속을 받지 않으려는 불온한 무리

불면불휴【不眠不休】잠도 자지 않고 쉬지도 아니함. 곧 잠시도 쉴 새 없이 열심히 일을 함

불문곡직【不問曲直】옳고 그른 것을 따지지도 않고 함부로 처리한다는 말

불비지혜【不費之惠】자기에게는 해가 될 것이 없고 남에게는 이익이 될 만하게 베풀어주는 은혜

불사이군【不事二君】한 사람이 두 임금을 섬기지 아니함

불사지약【不死之藥】사람이 먹으면 영원히 죽지 않는다는 신비의 선약(仙藥)

불생불멸【不生不滅】생겨나지도 않고 또한 죽어 없어지지도 않고 항상 그대로 변함 없이 사는 것

불생불사【不生不死】 죽지도 않고 살지도 아니하고 겨우 목숨만 붙어 있음

불석신명【不惜身命】 불도를 닦기 위해 몸과 마음을 아끼지 않고 받힘 *〈法華經〉

불선불후【不先不後】 공교롭게도 꼭 좋지 아니한 때를 만남

불세지공【不世之功】 대대로 흔하지 않은 큰 공로. 세상에 드문 매우 큰 공로

불세지재【不世之才】 대대로 드문 큰 재주. 세상에 그리 흔하지 않은 큰 재주

불식자포【不食自逋】 사사롭게 횡령하지 아니하였는데도 공금(公金)이 저절로 축남

불식지공【不食之工】 천천히 하더라도 늘 쉬지 않고 꾸준하게 하는 일

불실정곡【不失正鵠】 표적을 벗어나지 않음. 사물의 급소나 요점을 정확히 포착함 *〈禮記〉

불언가상【不言可想】 아무 말을 하지 않더라도 능히 짐작할 수 있음

불역지론【不易之論】 어느 시대에도 결코 변하지 아니하는 정론(正論)을 말함

불외입외【弗畏入畏】 참다운 두려움을 모르면 어느땐가는 두려움 속에 빠짐 *〈書經〉

불요불굴【不撓不屈】 한번 품은 뜻이나 결심 등이 어려운 고비에서도 흔들리거나 굽히지 않고 굳셈. 끄떡없음

불취동성【不取同姓】 같은 성을 가진 이와는 서로 혼인을 하지 않음 *〈禮記〉

불편부당【不偏不黨】 어느 한쪽으로도 치우치지 않고 아주 공평함. 중립의 태도

불필장황【不必張皇】 말을 지루하고 번거롭게 길게 늘어놓을 필요가 없다는 말

불필타구【不必他求】 남에게서 더 구할 필요가 없음. 곧 자기 것만으로도 넉넉함

불학무식【不學無識】 배우지 못하여 아는 것이 없음

비가강개【悲歌慷慨】 비장한 노래를 부르면서 분개하여 의기가 더욱더 고조됨을 이름 *〈史記〉

비견수종【比肩隨踵】 어깨를 잇대고 발꿈치에 붙어서 있다는 말로 조금도 사이를 떼지 않음 *〈戰國策〉

비궁지절【匪躬之節】 임금을 위해 충성을 다하여 자기 몸의 이해를 돌보지 않음을 이름 *〈易經〉

비금비석【飛禽非昔】어제와 오늘 일이 아니고 언제나 항상 변함 없이 그러하다는 말

비기윤가【肥己潤家】자기 자신과 자기의 집만 이롭게 함

비례지례【非禮之禮】예의에 맞는 것 같으나 실제는 예의에 어긋남 *〈孟子〉

비방지목【誹謗之木】잘못을 글로 적어 나무에 붙여 비방하는 것을 말함 *〈史記〉

비불발설【秘不發設】비밀을 지켜서 일체 말을 밖에 내지 아니함

비승비속【非僧非俗】스님도 아니고 속인도 아님. 이것도 저 것도 아닌 어중간한 것의 비유

비아부화【飛蛾赴火】여름철에 벌레가 모깃불에 뛰어들 듯이 스스로 위험한 곳에 들어감

비양발호【飛揚跋扈】날랜 새가 훨훨 날고 큰 고기가 펄펄 뛰듯이 신하가 모반하는 일 *〈北史〉

비옥가봉【比屋可封】집집마다 표창할 만한 인물이 많음. 나라에 착하고 어진 사람이 많음을 이름

비조불입【飛鳥不入】새도 날아들지 못할 만큼 성이나 진지의 방비가 물샐틈없이 튼튼함을 이름

비조즉석【非朝卽夕】아침이 아니면 저녁이라는 뜻으로 시
　　　　　기가 몹시 임박함을 이르는 말

비하정사【鼻下政事】'코 밑에 있는 일에 관한 정사'란 뜻으
　　　　　로 겨우 먹고 살아가는 일을 말함

빈마지정【牝馬之貞】유순하고 인내력이 강한 덕으로 성공
　　　　　함을 이름 *〈易經〉

빈자다사【貧者多事】가난한 집안에 일이 많음

빈자소인【貧者小人】가난한 사람은 스스로 마음이 활발하
　　　　　지 못하기 때문에 못난 사람처럼 되기 쉬움

빈즉다사【貧則多事】가난한 집안에 쓸데없이 잔일 많고 분
　　　　　주함을 뜻함

빈한도골【貧寒到骨】가난이 뼈에까지 스며든다는 뜻으로
　　　　　몹시 가난함을 이르는 말

빙빙과거【氷氷過去】빙(氷)은 곧 얼음이니 세상을 어름어름
　　　　　되는 대로 지나감

빙정옥결【氷貞玉潔】절개가 빙옥같이 깨끗하고 조금도 흠
　　　　　이 없음을 비유하여 이름

빙탄상애【氷炭相愛】얼음과 숯이 서로 화합함. 세상에 그러
　　　　　한 예가 없음 *〈淮南子〉

빙탄지간【氷炭之間】얼음처럼 흰 것과 숯처럼 검은 것의 사이. 정반대되는 성질의 것들

빙호옥적【氷壺玉尺】얼음 옥항아리에 옥자를 세움과 같이 선명히 솟아나 돋보임의 비유 *〈元史〉

빙호지심【氷壺之心】백옥으로 만든 항아리에 얼음 한 조각을 넣은 것처럼 맑고 투명한 심경 *〈唐詩選〉

사근취원【捨近取遠】가까운 것을 버리고 먼 데 것을 가짐이니 일의 차례나 순서를 뒤바꿔 할 때를 이름

사기종인【舍己從人】자기의 그 전 행위를 버리고 타인의 선행을 본떠 행함 *〈書經〉

사기포서【使驥捕鼠】천리를 달리는 말에게 쥐를 잡게 함. 사람을 쓸 줄 모르는 것을 비유함

사대육신【四大肉身】사람의 몸. 곧 팔, 다리, 머리, 몸뚱이를 말함

사면춘풍【四面春風】언제 어떠한 경우에도 좋은 낯으로만 사람을 대함

사모영자【紗帽纓子】사모에 갓끈이란 뜻. 사물이 격에 맞지 않거나 서로 어울리지 않음을 비유한 말 *〈旬五志〉

사무여한【死無餘恨】죽은 뒤라도 조금도 남에게 원한이 없음. 죽어도 한됨이 없음

사문부산【使蚊負山】모기에게 산을 지게 한다는 뜻. 능력이 모자라 중책을 감당하지 못함의 비유 *〈莊子〉

사반공배【事半功倍】노력은 적어도 공은 큼

사발결이【沙鉢缺耳】이가 빠진 사발. 좋은 것에 흠이 있음을 이르는 말

사발농사【沙鉢農事】밥을 빌어먹는 일을 비유하여 씀

사배공소【事倍功少】노력은 많아도 공은 적음

사불범정【邪不犯正】요사스러운 것이 바르고 정당한 것을 범하지 못함이니 정의가 반드시 이긴다는 뜻

사비팔산【四飛八散】사방으로 날리어 이리저리 흩어짐

사사불성【事事不成】모든 일이 이루어지지 않음. 일마다 성공하지 못함

사생관두【死生關頭】죽느냐 사느냐의 매우 위태한 고비

사생동고【死生同苦】죽고 사는 어려운 고생을 함께 한다는 뜻으로 어떤 어려운 고생도 같이함을 이름

사생유명【死生有命】 사람의 생사는 천명이므로 사람의 힘으로 좌우할 수 없음 *〈論語〉

사생취의【捨生取義】 목숨을 버리고 의(義)를 취함 *〈孟子〉

사수역류【使水逆流】 물을 역류시키듯 자연의 도리에 어긋나는 일

사승습장【死僧習杖】 죽은 중에게 곤장치기. 저항할 힘이 없는 사람에게 위엄을 부리는 일의 비유 *〈旬五志〉

사시이비【似是而非】 겉으로는 비슷하나 속은 다름. 얼른 보기에는 옳은 듯하나 사실은 틀림 *〈孟子〉

사어지천【射魚指天】 고기는 물에서 구해야 하는데 하늘에서 구하면 얻을 도리가 없음

사위주호【死危酒壺】 죽어서 술병이 됨. 술을 너무 좋아한다는 뜻으로 씀 *〈世說〉

사유삼장【史有三長】 역사를 기록하는 사람은 재(才), 학(學), 식(識)의 세 가지 장점을 갖추고 있어야 한다는 말

사이비자【似而非者】 겉으로 보기에는 비슷한 것 같으나 실지로는 아주 다른 가짜

사이지차【事已至此】 이제 와서 후회하여도 미치지 못한다는 뜻으로 일이 이미 틀린 지경에 이름

사자상승【師資相承】 스승으로부터 제자에게 학문, 예능, 기능 등을 이어 전함

사전지국【四戰之國】 지형상 사방 어느 곳에서도 적의 침입이 가능한 곳 *〈史記〉

사중구생【死中求生】 죽을 지경에 빠졌다가 다시 살길을 찾음

사중구활【死中求活】 죽을 고비에서 한 가닥 살길을 찾아냄. 실패를 만회함

사중우어【沙中偶語】 신하들이 모래 언덕에 모여 앉아 역적 모의를 함 *〈史記〉

사직위허【社稷爲墟】 사직이 폐허가 되었다는 뜻으로 나라가 멸망함을 이름 *〈淮南子〉

사차불후【死且不朽】 몸은 죽어 없어지지만 명성만은 그대로 후세에 길이 전함

사풍세우【斜風細雨】 엇비슷하게 비껴 부는 바람과 가늘게 내리는 비를 이름

사해형제【四海兄弟】 세상 사람들은 모두 형제와 같음. 세상의 모든 사람을 친밀하게 이르는 말 *〈論語〉

사회부연【死灰復燃】 다 탄 재가 다시 불이 붙음. 세력을 잃었던 사람이 다시 기사회생하며 세력을 잡음 *〈漢書〉

산가야창【山歌野唱】 산과 들의 노래라는 뜻으로 시골에서 부르는 소박한 노래

산계야목【山鷄野鶩】 산꿩과 들오리처럼 천성이 사납고 거칠어서 길들이기 어려운 사람을 이름

산고수장【山高水長】 군자의 덕이 높고 끝없음을 산의 우뚝 솟음과 큰 냇물의 흐름에 비유한 말 *〈文章軌範〉

산고월소【山高月小】 높은 산 위에 솟아오른 달을 그 밑에서 쳐다볼 때의 경치 *〈蘇軾의 詩〉

산불염고【山不厭高】 산이 높으면 높을수록 좋듯이 덕을 쌓으면 쌓을수록 좋음 *〈魏武帝의 短歌行〉

산중재상【山中宰相】 산중에 숨어 있으나 나라의 중요한 일이 있으면 나와서 일을 보는 현사 *〈南史〉

살기담성【殺氣膽盛】 살기가 있어서 무서움을 타지 않음

살지무석【殺之無惜】 죄가 매우 중하여 죽여도 아까울 것이 조금도 없음

삼두육비【三頭六臂】 머리가 셋, 팔이 여섯이라 함이니, 괴상할 정도로 힘이 센 사람을 이름

삼령오신【三令五申】 세 번 명령하고 다섯 번 알린다는 뜻으로 몇 번씩 되풀이하여 말함 *〈史記〉

삼배지치【三北之恥】세 번 싸워 세 번 당하는 패배의 부끄러움. 곧 번번이 싸움에 지는 부끄러움

삼부지양【三釜之養】박봉의 어려움 속에서도 부모를 봉양하는 즐거움 *〈莊子〉

삼순구식【三旬九食】서른 날에 아홉 끼니밖에 못 먹었다는 뜻으로 아주 가난함을 이름

삼자정립【三者鼎立】솥의 세 발처럼 세 나라나 세 사람이 서로 대립하는 모양을 이름 *〈史記〉

삼척안두【三尺案頭】석 자밖에 안 되는 책상머리라는 뜻으로 작은 책상을 말함

삼촌불률【三寸不律】세 치 길이의 붓. 아주 짧음의 비유

삼한갑족【三韓甲族】예부터 대대로 문벌이 높기로 이름난 집안을 이르는 말

삼현육각【三絃六角】거문고, 가야금, 향비파의 현악기와 북, 장구, 해금, 피리, 대평소 한 쌍을 통틀어 일컬음

상덕부덕【上德不德】높은 덕을 가진 자는 덕을 베풀더라도 이것을 덕이라고 자랑하지 아니함

상마지교【桑麻之交】전원에 은거하여 농부들과 친하게 사귐의 비유 *〈杜甫의 詩〉

상망지지【相望之地】 서로 바라보이는 매우 가까운 곳

상명지통【喪明之痛】 아들이 죽음을 당한 마음의 아픔

상분지도【嘗糞之徒】 대변이라도 먹을 듯이 아첨을 하는 사람을 비유하여 씀

상산사세【常山蛇勢】 어느 쪽에서 봐도 틈이나 결점이 없음을 비유한 말 *〈晉書〉

상서유피【相鼠有皮】 예절 모르는 사람을 미워하는 말

상수여수【上壽如水】 건강히 오래 살려면 흐르는 물처럼 순리에 맞게 살아야 함 *〈論語〉

상우방풍【上雨旁風】 지붕 위로는 비가 새고 옆으로는 바람이 들이친다는 뜻으로 비바람에 시달리는 낡은 집

상풍고절【霜風高節】 어떤 난관이나 곤경에 처해도 결코 굽히지 않는 높은 절개

상하불급【上下不及】 양쪽 일에 다 실패했음을 이르는 말

상하순설【上下脣舌】 남의 입에 오르내리며 비평을 받음

상한이증【傷寒裡症】 더운 것을 싫어하고 찬 것을 좋아하며 구갈, 변비가 생기고 헛소리를 하는 증세

상혼낙담【喪魂落膽】 너무 실망이 커서 그만 얼이 빠짐

새옹득실【塞翁得失】한때의 이익이 미래의 해가 되기도 하고 화가 복을 가져오기도 함 *〈淮南子〉

생구불망【生口不網】'산 입에 거미줄 치랴' 라는 뜻. 아무리 궁색해도 그럭저럭 먹고 살 수 있다는 말

생귀탈통【生龜脫筒】정욕이 때때로 일어남

생면대책【生面大責】내막도 모르면서 관계없는 사람을 그릇 책망함

생살여탈【生殺與奪】살리고 죽이고 주고 뺏고 마음대로 하는 권력을 말함

생삼사칠【生三死七】사람이 출산한 뒤 사흘 간과 죽은 뒤 이레 동안의 부정하다고 꺼리는 기간

생생세세【生生世世】불교의 윤회설에서 나온 말로 죽어도 다른 생을 받아 거듭 영원히 삶

생자필멸【生者必滅】생명이 있는 것은 빠름과 늦음의 차이는 있어도 반드시 죽음 *〈涅槃經〉

서간충비【鼠肝蟲臂】쥐의 간이나 벌레의 발. 쓸모없거나 하찮은 것을 비유하여 이름

서산낙일【西山落日】서산에 지는 해라는 말로 형세가 기울어져 어쩔 수 없이 멸망하게 된 판국

서심화야【書心畵也】 글씨는 그 사람의 정신을 나타내는 것이므로 심화(心畵)라 한다는 뜻 *〈揚子法言〉

석계등천【釋階登天】 사다리를 버리고 하늘에 오르려 한다는 뜻으로 불가능한 일을 비유한 말 *〈楚辭〉

석권지세【席卷之勢】 자리를 마는 것같이 세차게 거침없이 세력을 펴는 기세

석안유심【釋眼儒心】 석가의 눈과 공자의 마음이란 뜻으로 매우 자비스럽고 인자함을 이름

석전경우【石田耕牛】 자갈밭을 가는 소. 근면하고 인내심이 강한 성격을 이르는 말

선기후인【先己後人】 다른 사람의 일보다 먼저 자신의 일에 충실함

선례후학【先禮後學】 먼저 예의를 배우고 나중에 학문을 배우라는 말. 곧 예의가 첫째

선로명주【仙露明珠】 선인이 내려주는 이슬과 밝은 구슬. 서법(書法)의 원활함을 비유한 말

선성탈인【先聲奪人】 먼저 소문을 퍼뜨려 상대방의 기세를 미리 꺾음

선실기도【先失其道】 어떤 일을 함에 있어 그 방법부터 잘못

되었다는 말

선우후락【先憂後樂】세상의 근심할 일은 남보다 먼저 하고 즐기는 일은 남보다 나중에 즐기라는 뜻

선의후리【先義後利】먼저 인의(仁義)에 따르고 나중에 이익을 생각함 *〈孟子〉

선즉제인【先則制人】남보다 앞질러 일을 하면 남을 제압할 수 있음 *〈史記〉

선풍도골【仙風道骨】신선의 풍채와 도인의 골격. 곧 외모가 준수하고 고아한 기품 *〈李白의 詩〉

선후당착【先後撞着】앞뒤가 서로 맞지 아니하고 모순됨

설니홍조【雪泥鴻爪】눈 녹은 진창 위에 기러기 발자국처럼 흔적 없는 인생의 자취를 비유한 말

설망어검【舌芒於劍】혀 끝이 칼끝보다 날카로움

설부화용【雪膚花容】눈처럼 흰 살결과 꽃처럼 고운 얼굴이란 뜻으로 미인의 용모를 형용하는 말

설중사우【雪中四友】옥매(玉梅), 납매(臘梅), 다매(茶梅), 수선(水仙)을 일컫는 말

설중송백【雪中松柏】송백은 눈 속에서도 그 색이 변치 않는다 하여 사람의 절조가 굳은데 비유함

섭리음양【燮理陰陽】천지의 음양을 잘 조화한다는 뜻으로 재상이 나라를 잘 다스림을 비유한 말

성동격서【聲東擊西】동쪽을 칠 듯이 말하고 실제로는 서쪽을 친다는 뜻으로 상대방을 기만함을 비유하여 씀

성신칠은【聖神七恩】성신의 일곱 가지 은혜(통달, 의견, 지식, 효경, 강의, 경외, 지혜)

성인무몽【聖人無夢】덕이 있는 사람은 심신이 편안하여 밤에 편히 잘 수 있으므로 꿈을 꾸지 않음 *〈莊子〉

성자필쇠【盛者必衰】세상은 덧없어 한번 번성한 자는 후에 반드시 쇠할 때가 옴 *〈涅槃經〉

성하지맹【城下之盟】성 밑까지 쳐들어온 적군에게 항복하고 체결하는 굴욕적인 맹약 *〈左傳〉

세강말속【世降末俗】세상이 그릇되어 풍속이 어지러움

세단의다【世短意多】사람의 목숨은 짧으나 생각과 걱정거리는 늘 많음

세사난측【世事難測】세상 일이란 변천이 심하여 미리 헤아릴 수 없다는 말

세소고연【勢所固然】일의 형편이 어쩔 수 없이 그럴 수밖에 없었음

세여파죽【勢如破竹】 기세가 대나무를 쪼개는 것과 같다는 뜻으로 기세가 맹렬하여 대항할 적이 없음

세제기미【世濟其美】 후대의 사람이 전대 사람의 아름다움을 따라 이루는 것을 뜻함

세한삼우【歲寒三友】 추위에 강한 겨울철의 세 관상수. 곧 소나무, 대나무, 매화를 일컬음

소불간친【疏不間親】 친분이 먼 사람이 친분이 가까운 사람들의 사이를 이간하지 못함을 이름

소불여의【小不如意】 조금도 뜻과 같지 않음

소수지어【小水之魚】 작은 웅덩이의 물고기. 목숨의 위험이 눈앞에 닥쳤음을 비유한 말 *〈出曜經〉

소심익익【小心翼翼】 조그만 일에까지 몹시 조심하고 생각하는 모양. 도량이 좁고 겁이 많아 벌벌 떠는 모양

소인지용【小人之勇】 혈기에서 오는 소인의 용기를 비유하여 이르는 말

소인혁면【小人革面】 '소인은 변화의 흐름에 자제성이 부족하여 단지 얼굴빛만 바꿀 뿐'이라는 뜻 *〈易經〉

소자난측【笑者難測】 언제나 웃고 있는 사람은 그 진의가 어디에 있는지 알기 어렵다는 말 *〈唐書〉

소장지환【蕭墻之患】한 집안에서 일어나는 분쟁. 형제간의 싸움 *〈韓非子〉

소지무여【掃地無餘】깨끗하게 쓸어낸 듯이 아무것도 없음

소진장의【蘇秦張儀】중국 전국 시대의 모사(謀士) 소진, 장의처럼 언변이 좋은 사람을 가리키는 말

소풍농월【嘯風弄月】바람에 휘파람 불고 달을 희롱한다는 뜻으로 자연의 경치를 사랑하여 즐김

속성속패【速成速敗】급작스럽게 이루어진 것은 쉽게 결단 난다는 말

속신자결【束身自潔】몸단속을 잘하여 지조를 깨끗이 지킴

속초지기【續貂之譏】쓸만한 인격자가 없어 비열한 사람을 등용함을 욕하는 말 *〈晉書〉

손강영설【孫康映雪】고생하여 오랫동안 학문에 힘씀. 오랫동안 고학함 *〈晉書〉

솔구이발【率口而發】입에서 나오는 대로 생각 없이 지껄임

송무백열【松茂栢悅】소나무가 무성하면 잣나무가 기뻐함. 즉 남의 잘됨을 기뻐한다는 말

송백지조【松柏之操】소나무와 잣나무가 항상 푸르듯이 결코 변하지 않는 지조 *〈南史〉

송양지인【宋襄之仁】 쓸데없는 인정을 베풀거나 어리석은 인정을 비유한 말 *〈十八史略〉

송왕영래【送往迎來】 떠나가는 사람 환송하고 오는 사람을 영접함

쇄수회진【碎首灰塵】 머리가 부스러진다는 뜻으로 온 정성과 노력을 다함

수경지인【水鏡之人】 맑고 총명한 사람. 사표(師表)가 될 만한 사람의 비유

수고불망【壽考不忘】 늙은 뒤에도 잊지 않는다는 뜻으로 덕이 큼을 일컫는 말 *〈詩經〉

수괴무면【羞愧無面】 부끄럽고 창피스러워 볼 낯이 없음

수구여병【守口如瓶】 입을 병마개 막듯이 봉함. 비밀을 잘 지켜 남에게 알려지지 않게 함

수명어천【受命於天】 하늘로부터 명을 받았다는 뜻으로 임금의 자리에 오름을 이르는 말

수불위취【嫂不爲炊】 몹시 불행하고 몰락한 탓으로 형수까지 경멸하여 밥을 지어주지 않음 *〈戰國秦策〉

수사두호【隨事斗護】 모든 일을 일일이 돌보아 줌

수사지적【需事之賊】 의심이 많으면 일을 해침

수사지주【隨絲蜘蛛】줄을 따르는 거미라는 뜻. 서로 떨어져 살 수 없는 아주 긴밀한 관계 *〈旬五志〉

수서양단【首鼠兩端】어떤 일을 할 때 머뭇거리며 진퇴 거취를 결정짓지 못하는 상태 *〈史記〉

수석침류【漱石枕流】돌로 양치질하고 흐르는 물을 베개로 삼는다는 뜻으로 억지를 주장함 *〈晉書〉

수세지재【需世之才】세상에 소용되어 등용될 만한 인재

수순중생【隨順衆生】나쁜 사람 좋은 사람 할 것이 없이 여러 사람의 의견이나 뜻을 따름

수어지교【水魚之交】물고기가 물을 떠나서는 살 수 없듯이 서로 떨어질래야 떨어질 수 없는 친밀한 사이

수어혼수【數魚混水】몇 마리의 물고기가 온 물을 흐린다는 뜻으로 몇몇의 잘못이 다수에게 피해를 줌

수왈불가【誰曰不可】옳지 않다고 말할 사람이 아무도 없음

수원수구【誰怨誰咎】남을 원망하거나 책망할 것이 없음을 이르는 말

수의야행【繡衣夜行】'비단 옷 입고 밤길 가기'란 뜻으로 생색이 나지 않는 일의 비유 *〈史記〉

수적성천【水積成川】작은 물이 모여 내를 이룸

수처위주【隨處爲主】 어디서든지 흔들림 없이 자기의 주체성을 잃지 않음

수학무조【修學務早】 학문의 수행은 기억력이 왕성한 소년 시절에 이룩해야 한다는 뜻 *〈抱朴子〉

수화무교【水火無交】 물과 불의 사이처럼 서로 어울릴 수 없는 사귐

수화상극【水火相克】 물과 불이 서로 상극이듯이 서로 원수같이 대함

숙능생교【熟能生巧】 돋보이는 기교는 능숙하게 단련하는 데서만 얻어진다는 말

숙맥불변【菽麥不辨】 콩인지 보리인지 분간할 줄 모른다는 뜻으로 매우 어리석고 못난 사람의 비유 *〈左傳〉

숙수지환【菽水之歡】 콩을 먹고 물을 마시는 가난 속에서도 부모를 정성껏 잘 섬기는 기쁨 *〈禮記〉

숙습난방【熟習難防】 일단 몸에 밴 습관은 고치기 어려움

숙시숙비【熟是熟非】 누가 옳고 누가 그른지 시비가 분명하지 않다는 말

숙야비해【夙夜非懈】 밤낮을 가리지 않고 부지런히 일하며 조금도 게으름이 없음

순천자존【順天者存】천명을 거슬리지 않고 따라 행하는 자는 번영과 생존을 누림 *〈孟子〉

순치지국【脣齒之國】입술과 이처럼 이해 관계가 아주 밀접한 나라 *〈左傳〉

술이부작【述而不作】그 전에 있었던 일을 말하는 것으로 새로 창안한 것이 아님

슬양소배【膝痒搔背】무릎이 가려운데 등을 긁는다는 뜻으로 문제의 핵심을 벗어남의 비유

습여성성【習與性成】습관이 오래 되면 마침내 천성이 됨

승기자염【勝己者厭】속인(俗人)은 자기 보다 뛰어난 사람을 싫어한다는 말

승당입실【升堂入室】마루에 오른 다음 방에 든다는 뜻으로 모든 일은 순서가 있음의 비유

승상기하【承上起下】앞의 문장을 받아서 뒤의 문장을 풀이하여 지어나가는 일

승상접하【承上接下】윗사람을 받들고 아랫사람을 거느려서 그 사이를 잘 주선함

승선입시【乘船入市】배를 타고 장에 간다 함이니 큰 장마로 홍수가 났음의 비유

승인취주【僧人醉酒】술 취한 중이란 뜻으로 쓸모 없고 해로운 것을 비유한 말 *〈旬五志〉

승호야기【乘虎夜起】밤중에 호랑이를 소로 알고 타고 돌아왔다는 고사에서 온 말

시교수축【豕交獸畜】돼지처럼 대하고 짐승처럼 기른다는 뜻으로, 예로써 대우하지 아니함을 가리키는 말

시근종태【始勤終怠】처음 일을 시작한 때에는 부지런했으나 나중에는 게으름을 피움

시랑당로【豺狼當路】승냥이와 이리에 비길 만큼 간악한 자가 요로에서 함부로 권세를 부림

시불가실【時不可失】기회는 한번 가면 두 번 다시 오지 않으므로 때를 놓쳐서는 안 된다는 말 *〈書經〉

시산혈해【屍山血海】사람의 시체가 산을 이루고 피가 바다같이 흐른다는 말

시약초월【視若楚越】초나라와 월나라와 같이 서로 멀리하고 돌아보지 아니함

시옹지정【時雍之政】세상을 평화롭게 다스리는 정치

시유별재【時有別才】시재(詩才)는 학문의 깊고 얕음에 관계 없는 별개의 것이라는 것

시이사왕【時移事往】 세월이 흐르고 사물이 변함

시일불현【視日不眩】 해를 보고도 눈이 부시지 않다는 뜻으로 안광이 번쩍번쩍 빛남을 이름

식불이미【食不二味】 평소 먹는 밥은 반찬을 두 가지 이상 놓지 아니 한다는 뜻으로 검약하라는 말 *〈左傳〉

식송망정【植松望亭】 '솔 심어 정자를 바라본다' 는 뜻으로 작은 일을 해도 큰 희망을 바라보고 함

신급돈어【信及豚魚】 미련한 돼지와 물고기도 감응할 정도의 두터운 신의(信義)가 있음을 비유한 말 *〈易經〉

신성후실【身聲後實】 처음에 헛소문을 퍼뜨린 다음 때를 보아 실력을 행사함

신심직행【信心直行】 옳다고 여기는 바른 이치를 따라 거리낌없이 즉시 행함

신언서판【身言書判】 사람이 갖추어야 할 네 가지 조건. 즉 신수, 언변, 문필, 판단력

신외무물【身外無物】 몸 이외에는 아무것도 없다는 뜻으로 무엇보다도 몸이 가장 소중하다는 말

신원설치【伸冤雪恥】 뒤집어쓴 죄의 억울함을 밝혀내 원통함과 부끄러움을 씻어버림

신인공노【神人共怒】 신과 사람이 함께 성을 낸다는 뜻으로 누구나 분노할 만큼 증오스러움

신입구출【新入舊出】 새것이 들어오고 묵은 것이 나감

신종여시【愼終如始】 일의 마지막까지도 처음과 같이 신중을 기한다는 뜻 *〈老子〉

신지무의【信之無疑】 꼭 믿고 의심하지 아니함

신진화멸【薪盡火滅】 땔나무가 다하여 불이 꺼지는 것과 같이 점차로 쇠퇴하여 마침내 망함

신후지지【身後之地】 살아 있을 때에 미리 정해 두는 자기가 묻힐 묘 자리를 말함

실가지락【室家之樂】 부부 사이의 화목한 낙

심교지시【心交之詩】 사람을 사귈 때에는 자세히 그 사람을 살펴 택해야 한다는 것을 말한 시

심모원려【深謀遠慮】 깊은 계략과 먼 장래를 내다보는 생각

심복지인【心腹之人】 마음 놓고 믿을 수 있는 부하

심복지질【心腹之疾】 병이 마음에 있는 것은 고치기가 어렵다는 뜻으로 없애기 어려운 고질

심복지환【心腹之患】 쉽게 다스리기 어려운 병. 쉽게 물리치기 어려운 적 *〈左傳〉

심심상인【心心相印】무언 중에 서로 마음과 마음이 통함

심지광명【心地光明】사욕 없는 공명정대한 마음가짐을 이르는 말 *〈玉樓夢〉

십년일득【十年一得】아주 오랜만에 간신히 소원을 이룸을 비유하여 쓰는 말

십양구목【十羊九牧】양 열 마리에 목자가 아홉 명이나 된다는 말로 백성은 적은데 관원이 많음의 비유

십지부동【十指不動】'열 손가락을 움직이지 않음'이니 게을러서 일을 하지 않는다는 뜻

십풍오우【十風五雨】열흘에 한 번씩 바람이 불고 닷새에 한 번씩 비가 온다는 뜻으로 기후가 순조로움

아동주졸【兒童走卒】철없는 아이들과 어리석은 사람들을 이르는 말 *〈宋史〉

아심여칭【我心如秤】내 마음은 공정한 저울과 같아 어느 한 쪽으로 기울지 않음

아유경탈【阿諛傾奪】권세가에게 아첨하여 부당하게 남의

자리를 빼앗음

아유구용【阿諛苟容】남에게 아첨을 하며 구차스러운 짓을 하는 일 *〈史記〉

악량수한【握兩手汗】보기에 위태롭고 두려워 주먹쥔 양 손에 땀이 남 *〈元史〉

악사천리【惡事千里】나쁜 일은 그 소문이 널리 금방 알려진다는 뜻 *〈傳燈錄〉

악의악식【惡衣惡食】좋지 못한 거친 옷과 맛없는 음식. 변변치 못한 의식(衣食) *〈論語〉

안고수비【眼高手卑】눈은 높고 통은 크나 재주가 없어 따르지 못함

안도색준【按圖索駿】실지로 부딪쳐 얻지 않은 지식은 쓸모가 없음. 진실을 잃음의 비유 *〈漢書〉

안분지족【安分知足】편안한 마음으로 제 분수를 지켜 만족할 줄을 앎

안불망위【安不忘危】편안한 가운데서 잊지 않고 늘 스스로를 경계한다는 말 *〈易經〉

안비막개【眼鼻莫開】일이 분주하여 눈코 뜰 사이가 없을 만큼 몹시 바쁨

안여태산【安如泰山】 마음이 든든하고 믿음직하기가 마치 태산과 같음 *〈漢書〉

안위미정【安危未定】 위험이 아직 사라지지 않은 상태

안전막동【眼前莫同】 못 생긴 아이라도 늘 가까이 있으면 정이 저절로 든다는 뜻

암중모색【暗中摸索】 어둠 속에서 손더듬으로 물건을 찾음. 목표가 없이 사물을 추구하는 것

암중비약【暗中飛躍】 어둠 속에서 날고 뜀. 남의 눈에 띄지 않게 또는 남모르게 활동하는 일

압채부인【壓寨夫人】 도둑의 아내를 일컫는 말

앙불괴어천【仰不愧於天】 하늘을 우러러 한 점 부끄럼이 없다는 뜻으로 매사에 공명정대함 *〈孟子〉

앙천부지【仰天俯地】 하늘을 쳐다보고 땅을 굽어봄

앙천이타【仰天而唾】 '하늘 보고 침뱉기'란 뜻으로 남을 해치려다 되려 자기가 당함의 비유

애인여기【愛人如己】 남을 사랑하기를 자기 몸같이 사랑함

애호체읍【哀號涕泣】 슬피 울부짖으며 눈물을 흘리며 욺

야광명월【夜光明月】 밤하늘에 빛나는 밝은 달

야랑자대 【夜郎自大】 세상 물정도 모른 채 어리석은 사람들 속에서 뽐내는 사람을 비유한 말 *〈史記〉

야불답백 【夜不踏白】 밤길을 갈 때에 바닥이 희게 보이는 것은 물이니 밟지 말고 비켜가라는 말

야불폐문 【夜不閉門】 밤에 대문을 닫지 않고 잔다는 뜻으로 세상이 태평하고 인심이 좋음을 이름

야행피수 【夜行被繡】 수놓은 좋은 옷을 입고 밤길을 걸음. 공명이 세상에 알려지지 않음 *〈史記〉

약농중물 【藥籠中物】 항상 곁에 없어서는 안 될 긴요한 인물 (심복)을 이르는 말 *〈唐書〉

약마복중 【弱馬卜重】 약한 말에 무거운 짐을 싣는다는 뜻으로 능력에 벅찬 일을 맡음을 비유하여 이르는 말

약섭대수 【若涉大水】 맨발로 큰 강을 건너는 것과 같다는 말로 아주 위험함을 비유하여 씀 *〈書經〉

양공고심 【良工苦心】 기교에 능한 사람의 가슴속에는 크고 작은 고심이 많음 *〈杜甫의 詩〉

양궁거시 【揚弓擧矢】 활과 화살을 높이 쳐듦의 뜻으로 전쟁에 이겼음을 비유하여 이르는 말

양금미옥 【良金美玉】 좋은 금과 아름다운 구슬이라는 뜻으

로 아주 뛰어난 문장을 이름

양두색이【兩豆塞耳】콩알 두 개로 귀를 막으면 아무 것도 안 들림. 조그만 것이 큰 지장을 초래함의 비유

양봉제비【兩鳳齊飛】두 마리의 봉이 나란히 날아오른다는 뜻으로 형제가 함께 이름을 떨침을 비유한 말

양비대담【攘臂大談】팔을 걷어붙이고 큰소리침

양상군자【梁上君子】대들보 위의 군자라는 뜻으로 도둑을 뜻하지만 천장의 쥐를 말할 때도 씀 *〈後漢書〉

양상화매【兩相和賣】물건을 사고파는 데 있어서 양편이 서로 양보하여 흥정을 원만히 함

양수집병【兩手執餠】두 손에 떡을 쥐었다는 뜻으로 선택하기가 어려움을 비유하여 씀 *〈旬五志〉

양시쌍비【兩是雙非】양쪽에 다 일리가 있어 시비를 가리기 어려움

양양자득【揚揚自得】뜻을 이루어 뽐내며 거들먹거림

양지양능【良知良能】교육이나 체험에 의하지 않고 선천적으로 알고 행할 수 있는 능력 *〈孟子〉

양지지효【養志之孝】항상 부모의 뜻을 받들고 마음을 기쁘게 해드리는 효행 *〈孟子〉

양포지구【楊布之狗】겉모양이 변한 것을 보고 속까지 변해 버린 것으로 잘못 판단함 *〈韓非子〉

어무윤척【語無倫脊】말의 차례와 줄거리가 없음

어변성룡【魚變成龍】물고기가 용이 되었다는 뜻으로 어렵게 지내던 사람이 영화롭게 됨을 비유하여 이름

어염시수【魚鹽柴水】물고기, 소금, 나무, 물이라는 뜻으로 생활에 필요한 일용품의 총칭

억조창생【億兆蒼生】수많은 백성. 온 세상 사람들

억하심장【抑何心腸】대체 무슨 생각으로 그리 하는지 그 마음을 알 수 없음

언과기실【言過其實】말만 크게 내놓고 실행이 부족함

언기식고【偃旗息鼓】군기(軍旗)를 눕히고 북을 울리지 않는다는 뜻으로 휴전함의 비유

언서지망【偃鼠之望】'시궁쥐의 소망'이란 뜻으로 사소한 소망을 이르는 말

여고금실【如鼓琴瑟】거문고와 비파의 합주처럼 부부가 화합함의 비유 *〈詩經〉

여공불급【如恐不及】시키는 대로 실행하지 못할까 하여 마음을 졸임

여달우시【如撻于市】'거리에서 종아리를 맞는 것과 같다'는 뜻으로 더할 수 없는 욕을 봄 *⟨書經⟩

여룡지주【驪龍之珠】위험을 무릅쓰고 구하지 않으면 얻을 수 없는 귀중한 보물 *⟨莊子⟩

여발통치【如拔痛齒】앓던 이 빠진 것 같다는 뜻으로 속앓이 하던 것이 없어져 시원함

여수투수【如水投水】'물에 물 탄 듯하다'는 뜻으로 일을 하는데 야무지지 못하고 흐리멍덩함

여옥기인【如玉其人】'옥과 같은 사람'이란 뜻으로 흠이 없는 완벽한 사람을 비유하여 이름

여이병수【如移瓶水】이 병의 물을 저 병으로 옮기듯이 완전히 배우고 이해함 *⟨涅槃經⟩

여좌침석【如坐針席】'바늘방석에 앉은 것 같다'는 뜻으로 마음이 몹시 불안함

여진여퇴【旅進旅退】일정한 주견이 없이 남이 하는 대로 덩달아 행동함

역이지언【逆耳之言】귀에 거슬리는 말, 즉 충언

역지개연【易地皆然】처지나 경우를 서로 바꾸어 놓으면 행동이나 생각하는 것이 다 같다는 말 *⟨孟子⟩

연경거종【延頸擧踵】 목을 늘이고 발뒤꿈치를 올린다는 뜻으로 사람이 찾아오기를 학수고대함 *〈呂氏春秋〉

연도일할【鉛刀一割】 무뎌진 칼을 휘두른다는 뜻으로 자기 재능을 겸손히 이르는 말 *〈後漢書〉

연미지액【燃眉之厄】 눈썹에 불이 붙은 듯이 아주 절박하게 닥친 재액

연안대비【燕雁代飛】 제비가 올 때 기러기는 떠나듯이 사람이 좀처럼 만나기 어려움의 비유 *〈淮南子〉

연홍지탄【燕鴻之歎】 여름새인 제비와 겨울새인 기러기가 만나지 못하듯 길이 어긋남을 한탄함

염량세태【炎凉世態】 권세가 있을 때는 아첨하여 좇고, 세력이 없어지면 푸대접하는 세상 인심

염불위괴【恬不爲愧】 옳지 않은 일을 하고도 부끄러워하는 기색이 전혀 없음

영고성쇠【榮枯盛衰】 사람의 일생이란 영화로울 때도 있고 불행할 때도 있음

예차지환【豫且之患】 예차라는 사람에게 닥친 환난이란 뜻으로, 방심하다 뜻밖에 당하는 재난을 이름 *〈說苑〉

오거지서【五車之書】 다섯 수레에 실을 만한 책이라는 뜻으

　　　　　　로 많은 장서를 이름 *〈莊子〉

오불관언【吾不關焉】나는 그 일에 대해 상관하지 아니함, 또는 그러한 태도

오비토주【烏飛兎走】세월이 아주 빨리 흘러감을 비유하여 이르는 말 *〈張衡 靈憲序〉

오상고절【傲霜孤節】서릿발 속에서도 굽히지 않고 외로이 지키는 절개라는 뜻으로 국화를 비유하여 이름

오지자웅【烏之雌雄】까마귀는 암수의 구별이 어렵다는 뜻으로 선악과 시비를 가리기가 어렵다는 말 *〈詩經〉

옥석동쇄【玉石同碎】옥과 돌이 함께 부서진다는 뜻으로 선인도 악인도 함께 망함의 비유 *〈文選〉

온고지정【溫故之情】옛 것을 돌이켜 살피고 생각하는 마음

옹산화병【甕算畫餅】독장수 셈과 그림의 떡이라는 뜻으로 헛배만 부르고 실속이 없음을 이름 *〈旬五志〉

와해빙소【瓦解氷銷】기와가 깨어져 흩어지고 얼음이 녹아 없어짐. 사물이 산산이 흩어지고 사라짐

왈자자식【曰字子息】못된 놈이라는 뜻으로 남을 욕하여 이르는 말

왜인관장【矮人觀場】키가 작은 사람이 구경할 때 남에게 가

로막혀 보이지 않으므로 사람의 비평을 맹종한다는 뜻. 사물을 판단하는 식견이 없음 *〈朱子語類〉

외부내빈【外富內貧】겉보기에는 부유하고 모든 것이 넉넉한 듯하나 실상은 가난함

외수외미【畏首畏尾】처음도 끝도 다 두려워한다는 뜻으로 남이 알게 되는 것을 꺼리고 두려워함

외친내소【外親內疎】겉으로는 가깝고 친한 체하면서 속으로는 멀리함

요고순목【堯鼓舜木】남의 옳은 말을 받아들임. 간언을 받아들여 정사(政事)에 반영함

요령부득【要領不得】말이나 글을 쓸 때 내용에 맞는 요령을 잡지 못함 *〈史記〉

요산요수【樂山樂水】산을 좋아하고 물을 좋아한다는 말로 산수를 좋아함을 이르는 말 *〈論語〉

요양미정【擾攘未定】정신이 어질어질하여 결정하지 못함. 나이가 어린 탓으로 욕심이 가라앉지 않음

요요정정【夭夭貞靜】나이가 젊고 아름다우며 마음이 바르고 침착하다는 말

요원지화【燎原之火】무서운 형태로 타고 있는 벌판의 불.

세력이 몹시 왕성하여 형세가 무서움 *〈左傳〉

요유인흥【妖由人興】 요사스러움은 사람의 양심을 잃었을 때 일어남을 이름 *〈左傳〉

욕거순풍【欲去順風】 가고 싶을 때 바람이 분다는 뜻으로 일이 때맞춰 잘됨의 비유

욕사무지【欲死無地】 죽으려고 하여도 죽을 만한 곳이 없음. 아주 분하고 원통함

욕속부달【欲速不達】 너무 빨리 하려고 서두르면 도리어 일을 이루지 못함

욕언미토【欲言未吐】 하고 싶은 말을 다하지 못했다는 뜻으로 감정의 골이 깊음을 이름

용미봉탕【龍味鳳湯】 좋은 재료로 만들어 맛이 아주 좋은 음식을 비유하여 이르는 말

용반호거【龍蟠虎踞】 용이 서리고 범이 걸터앉았다는 뜻으로 산세가 웅장함을 비유하여 이르는 말

용양호박【龍攘虎搏】 용과 범이 서로 사납게 싸운다는 뜻으로 비슷한 상대끼리 맹렬히 다툼

용행호보【龍行虎步】 용이 가고 호랑이가 걷는 것과 같다는 뜻으로서 귀인의 상(相)을 이름 *〈宋書武〉

우답불파【牛踏不破】 소가 밟아도 깨지지 않는다는 뜻으로 매우 견고함을 이름

우예지소【虞芮之訴】 우나라와 예나라 사이의 소송. 남의 일을 보고 자기 잘못을 고침 *〈史記〉

우음마식【牛飮馬食】 소가 물을 마시고 말이 풀 먹듯이 많이 마시고 먹는 것

우이효지【尤而效之】 남의 잘못은 나무라면서 자신은 못된 짓을 일삼는다는 말

우입서혈【牛入鼠穴】 소가 쥐구멍에 들어간다는 뜻으로 절대로 있을 수 없는 일을 비유한 말 *〈洌上方言〉

우자천려【愚者千慮】 어리석은 사람의 많은 생각 *〈史記〉

우정지의【牛鼎之意】 먼저 남의 의견을 따르고 나중에 그것을 바른길로 이끈다는 뜻 *〈史記〉

우직지계【迂直之計】 비실용적으로 보이는 것이 실제로는 실용적이라는 말 *〈孫子〉

욱욱청청【郁郁靑靑】 향기가 높고, 수목이 무성하여 푸른 빛깔이 썩 곱고도 깨끗함

운권천청【雲捲天晴】 구름이 걷히고 하늘이 맑게 갬. 병이나 근심이 씻은 듯이 없어짐을 비유한 말

운니지차【雲泥之差】구름과 진흙의 차이라는 뜻으로 매우 큰 차이를 말함 *〈後漢書〉

운수소관【運數所關】모든 일이 운수에 달려 있어 사람의 힘으로는 어찌할 수 없다는 말

운수지회【雲樹之懷】절친한 벗을 그리는 회포

운심월성【雲心月性】구름 같은 마음과 달 같은 성품이란 뜻으로 욕심없이 담백한 심성을 이르는 말

운야산야【雲耶山耶】먼 곳을 바라보며 산인지 구름인지 분별 못하여 의심하는 것

운연비동【雲煙飛動】글자의 필력이 힘이 있어 마치 약동하는 것 같음 *〈杜甫의 歌〉

운예지망【雲霓之望】큰 가뭄에 비오기를 바라듯이 희망이 간절함을 이름 *〈孟子〉

원교근공【遠交近攻】먼 나라와 외교를 맺고 가까운 나라와는 싸움

원규지진【元規之塵】마음이 좋지 않은 사람의 행위를 비판하는 말 *〈晉書〉

원비지세【援臂之勢】형세가 좋을 때는 진격하고 형세가 나쁠 때는 퇴각함. 진퇴를 자유로이 함 *〈晉書〉

원입골수【怨入骨髓】원한이 뼈에 사무치도록 아주 깊이 맺혀 있어 잊을 수 없다는 말 *〈史記〉

원전활탈【圓轉滑脫】말솜씨나 일의 처리가 모나지 않고 거리끼지 않음

원족근린【遠族近隣】서로 도우며 살아가는데 먼 친척보다 가까운 이웃이 낫다는 말 *〈旬五志〉

원천우인【怨天尤人】하늘을 원망하고 남을 탓함 *〈論語〉

월반지사【越班之思】자기 직분을 완수하고 남의 직권을 침범하지 않으려고 조심하는 마음가짐 *〈左傳〉

월영즉식【月盈則食】한번 흥하면 한번은 망함

월조지죄【越俎之罪】제 직분을 넘어 부당히 남의 일에 간섭을 하는 죄 *〈莊子〉

월하빙인【月下氷人】인연을 맺어 주는 노인. 혼인을 중매하는 사람 *〈晉書〉

위관택인【爲官擇人】관직을 위하여 인재를 고름

위려마도【爲礪磨刀】'숫돌을 위해 칼을 간다'는 뜻으로 주객이 전도됨을 비유한 말 *〈御睡新話〉

위부불인【爲富不仁】재산을 모은 뒤에는 남을 불쌍히 여겨 어진 일을 베풀지 않음을 이르는 말

위인설관【爲人設官】어떤 사람을 위하여 벼슬자리를 새로 마련함

위총구작【爲叢驅雀】자기를 이롭게 하려고 일을 꾀하다 되려 남을 이롭게 함

유두유미【有頭有尾】처음과 끝이 분명함. 앞뒤가 서로 맞음

유련황망【流連荒亡】노는데 정신이 팔려 집에 돌아가는 것을 잊음. 사냥이나 주색에 빠짐 *〈孟子〉

유수불부【流水不腐】흐르는 물은 썩지 않는다는 뜻으로 항상 움직이는 것은 부패하지 않음

유시무종【有始無終】처음은 있되 끝이 없다는 뜻으로 시작한 일의 끝을 맺음이 없음을 이르는 말

유아지탄【由我之歎】자기 때문에 남에게 해가 미치게 된 것을 탄식함

유암화명【柳暗花明】버들은 무성하여 그늘이 짙고 꽃은 활짝 피어 환하게 아름다움

유우지병【幽憂之病】마음에 맺힌 것으로 인하여 쉽게 감상적으로 바뀌는 병

유종지미【有終之美】시작한 일을 끝까지 잘하여 끝맺음이 좋음 *〈易經〉

유주무량【有酒無量】 주량이 많아서 이 술 저 술 아무 술이나 얼마든지 마심 *〈論語〉

유주지탄【遺珠之歎】 마땅히 등용되어야 할 인재가 빠진 데 대한 한탄을 이름

유한정정【幽閑靜貞】 부녀의 인품이 높고 몸가짐이 얌전함의 비유

육도풍월【肉跳風月】 글자의 뜻을 잘못 써서 보기 어렵고 가치 없는 한시(漢詩)를 이르는 말

은감불원【殷鑑不遠】 경계를 삼을 만한 좋은 전례(前例)는 의외로 가까운 곳에 있다는 뜻 *〈詩經〉

은인자중【隱忍自重】 마음속으로 참으며 몸가짐을 신중히 함

음덕양보【陰德陽報】 남에게 덕행을 쌓은 사람은 반드시 그 보답이 있음을 이르는 말 *〈淮南子〉

음풍농월【吟風弄月】 맑은 바람과 밝은 달을 대하여 시를 지어 읊으며 즐김

응접불황【應接不遑】 끊임없이 계속 바쁘거나 일일이 대할 사이가 없음 *〈世說新語〉

의가반낭【衣架飯囊】 '옷걸이와 밥주머니'의 뜻으로 아무 소용이 없는 사람을 일컬음

의관지도【衣冠之盜】조복을 훔쳐 입은 도둑이라는 뜻으로
　　　　　무능한 공직자나 관리를 가리키는 말

의려지망【倚閭之望】자녀가 돌아오기를 기다리는 초조한
　　　　　부모의 마음 *〈戰國策〉

의심암귀【疑心暗鬼】의심이 생기면 갖가지 모든 생각이 잇
　　　　　달아 일어나 불안해짐 *〈列子〉

의중지인【意中之人】마음 속에 새겨져 잊을 수 없는 사람.
　　　　　마음 속으로 지목한 사람 *〈左傳〉

이겸차안【以鎌遮眼】'낫으로 눈 가린다'는 뜻으로 어리석
　　　　　은 방법으로 잘못을 숨기려 함 *〈旬五志〉

이공보공【以空補空】제자리에 있는 것으로 제자리를 메운
　　　　　다는 뜻으로 세상에는 공짜가 없음을 이르는 말

이금심도【以琴心挑】그리워하는 마음을 거문고 소리에 나
　　　　　타내어 여자의 마음을 움직임 *〈史記〉

이란투석【以卵投石】새알로 돌을 친다는 말. 약한 것으로
　　　　　강한 것을 당할 수 없음. 번번이 실패함 *〈荀子〉

이모상마【以毛相馬】털만 보고서 말이 좋고 나쁜 상태를 가
　　　　　린다는 뜻으로 겉만 보고 사물을 평가함 *〈監鐵論〉

이모지년【二毛之年】센 머리털이 나기 시작하는 나이라는

뜻으로 서른두 살을 이름

이문목견【耳聞目見】귀로 듣고 눈으로 본다는 뜻으로 실지로 경험함을 이름

이민위천【以民爲天】백성을 생각하기를 하늘같이 여긴다는 말로서, 백성을 소중히 여겨 치국의 근본으로 삼음

이발지시【已發之矢】이미 쏘아 놓은 화살. 이왕 시작한 일을 중지하기 어려움을 가리키는 말

이변식지【以辯飾知】실력이 없지만 재치 있는 말솜씨나 변설로 부족함을 위장한다는 말 *〈莊子〉

이소능장【以少凌長】젊은 사람이 나이 많은 어른에게 무례하게 언행을 함

이속우원【耳屬于垣】담에도 귀가 있다는 뜻으로 남이 듣지 않는 곳에서도 항상 말을 삼가라는 말

이식위천【以食爲天】사람이 살아가는 데는 무엇보다도 먹는 것이 가장 중요함

이양역우【以羊易牛】양을 가지고 소와 바꾼다는 뜻으로 작은 것으로 큰 것을 대신함을 비유한 말 *〈孟子〉

이어반장【易於反掌】어떤 일을 함에 있어 손바닥을 뒤집는 것보다 더 쉽다는 말 *〈說苑〉

이와전와 【以訛傳訛】 거짓말에 또 거짓말이 더해져 자꾸 거짓으로 전해짐

이이목지 【耳而目之】 귀로 듣고, 눈으로 본다는 뜻. 즉 틀림이 없음 *〈呂氏春秋〉

이인투어 【以蚓投魚】 미물인 지렁이라도 물고기가 좋아하듯 보잘것없는 것이라도 다 쓸모가 있음 *〈隋書〉

이일경백 【以一警百】 본보기로 한 사람을 벌하여 여러 사람의 경계가 되게 함 *〈漢書〉

이일대로 【以逸待勞】 적이 쳐들어올 때까지 편히 쉬고 있다가 피로한 적을 공격함 *〈三國志〉

이제면명 【耳提面命】 상대방의 귀를 끌어당겨 얼굴을 마주하고 잘 이해하도록 가르침 *〈詩經〉

이하부정관 【李下不正冠】 ⇒ 과전이하(瓜田李下)

이하조리 【以蝦釣鯉】 '새우로 잉어를 낚는다'는 뜻으로 적은 밑천을 들여 큰 이익을 얻는다는 뜻 *〈旬五志〉

인모난측 【人謀難測】 사람 마음이 간사함을 헤아리기 어렵다는 말.

인비목석 【人非木石】 사람은 목석이 아니라는 뜻으로 누구나 감정과 경위가 있다는 말 *〈史記〉

인사제의【因事制宜】사건이 일어나기 전에 미리 그 조치를 생각해 둠 *〈荀子〉

인순고식【因循姑息】낡은 인습에서 벗어나지 못하고 눈앞의 평안만을 취함 *〈史記〉

인심난측【人心難測】사람의 마음은 헤아리기 어려움

인심수람【人心收攬】많은 사람의 마음을 한데 모아 결집함

인심여면【人心如面】사람마다 마음이 다 다르듯이 얼굴 모양도 다 다름 *〈左傳〉

인언이박【人言利博】학식과 인덕이 있는 사람의 말과 행동은 대중들에게 널리 영향력이 미침

인유실의【引喩失義】쓸데없는 선례나 비유를 끌어들여 본래의 의미를 잃어버림 *〈三國志〉

인자불우【仁者不憂】인자는 도리에 어긋남이 없어 걱정을 하지 않음 *〈論語〉

인자요산【仁者樂山】어진 사람은 산을 좋아함 *〈論語〉

인중승천【人衆勝天】사람이 많아 그 세력이 크면 하늘도 이길 수 있다는 말

인중지말【人中之末】여러 사람 가운데서 가장 못난 사람을 이르는 말

인지위덕【忍之爲德】참는 것이 덕이 됨

인패위성【因敗爲成】유능한 사람은 실패를 도리어 성공으로 바꾼다는 말 *〈史記〉

일가월증【日加月增】날이 가고 달이 갈수록 더욱 늘어남

일구난설【一口難說】한 입으로는 다 설명하기 어려움

일구월심【日久月深】날이 오래고 달이 깊어 간다는 뜻으로 세월이 흐를수록 바라는 마음이 더욱 간절해짐

일규불통【一竅不通】염통의 구멍이 막혔다는 뜻으로 사리에 어두움을 이르는 말

일념통천【一念通天】한결 같은 마음으로 노력하면 하늘도 감동시켜 무슨 일이든 이룰 수 있음

일망무제【一望無際】한눈에 바라볼 수 없도록 아득히 멀고 넓어서 끝이 없음

일면여구【一面如舊】서로 모르는 사람이 처음 만나 사귀었으나 마치 옛 벗처럼 친밀함

일목십행【一目十行】한눈에 10행씩 읽어나간다는 뜻으로 독서력이 뛰어남을 이름 *〈梁書〉

일비지력【一臂之力】한 팔로 쓰는 힘이라는 뜻으로 아주 조그마한 힘을 말함

일빈일소【一嚬一笑】'찡그렸다 웃었다' 한다는 뜻. 사소한 표정이나 감정의 변화 *〈韓非子〉

일언가파【一言可破】여러 말을 하지 않고 한 마디로 잘라 말해도 능히 판단을 함

일우명지【一牛鳴地】소의 울음소리가 들릴 정도의 거리라는 뜻으로 매우 가까운 거리 *〈五事韻瑞〉

일의대수【一衣帶水】한 가닥의 띠와 같은 좁은 냇물이나 바닷물, 또는 그것을 사이에 둔 관계 *〈南史〉

일인당천【一人當千】한 사람이 천 명의 적을 대적한다는 뜻으로 무예가 매우 뛰어남을 이름

일일삼추【一日三秋】하루가 삼 년 같다는 뜻으로 매우 지루하거나 애태우며 기다림을 비유한 말 *〈詩經〉

일자천금【一字千金】글자 하나에 천금. 곧 아주 훌륭한 글자나 문장을 이름 *〈史記〉

일지반해【一知半解】하나쯤 알고 반쯤 깨닫는다는 뜻으로 아는 것이 매우 적음 *〈滄浪詩話〉

일진월보【日進月步】날로 달로 끊임없이 나아가 발전함

일패도지【一敗塗地】여지없이 참패하여 다시는 일어날 수 없게 된 처지 *〈史記〉

임갈굴정【臨渴掘井】목마른 뒤에야 우물을 판다는 뜻. 준비 없이 갑자기 일을 당하여 허둥지둥하는 태도

임하유문【林下儒門】초야에 묻혀 벼슬길에 나아가지 않은 선비를 말함

입경문금【入境問禁】남의 나라에 들어가면 그 나라에서 금하는 것부터 알아내어 조심하라는 말 *〈禮記〉

입향순속【入鄕循俗】다른 지방에 가서는 그 지방의 풍속을 따른다는 말

자고자대【自高自大】스스로 잘난 체하며 교만함

자곡지심【自曲之心】결점이 있는 사람이 스스로 고깝게 여기는 마음

자구지단【藉口之端】핑계거리. 핑계삼을 만한 거리

자로이득【自勞而得】어떤 결과를 스스로 노력하여 얻음

자멸지계【自滅之計】잘 한다는 것이 되려 잘못되어 제 자신이 망하게 되는 꾀

자성제인【子誠齊人】견문이 좁아 하나밖에 모르는 아주 고지식하고 고루한 사람 *〈孟子〉

자시지벽【自是之癖】자기의 의견만 옳은 줄 아는 버릇

자신방매【自身放賣】제 몸을 스스로 팔아 망침

자연도태【自然淘汰】시대의 흐름에 따라가지 못하는 것은 저절로 없어지고 만다는 것을 비유하여 이르는 말

자유삼매【自由三昧】마음껏 제멋대로 행동하는 모양

자작지얼【自作之蘖】제가 저지른 일의 과오로 생긴 재앙을 가리킴 *〈書經〉

자장격지【自將擊之】남의 도움을 받지 않고 스스로 알아서 한다는 말

자창자화【自唱自和】자기가 노래를 부르고 스스로 화답함

자천배타【自賤拜他】자기 것은 천하게 여기고 남의 것은 무조건 숭배함

자취기화【自取其禍】제 잘못으로 화를 받게 됨

자하달상【自下達上】아래로부터 위에 미치게 함

작비금시【昨非今是】전에는 그르다고 여겨지던 것이 지금은 옳게 여겨짐

작수불입【勺水不入】한 모금의 물도 마시지 못한다는 뜻으로 음식을 조금도 먹지 못함

작수성례【酌水成禮】물을 떠놓고 혼례를 치른다는 뜻으로 가난한 집안에서 구차하게 혼례를 치름

잠덕유광【潛德幽光】세상에 드러나지 않은 유덕자의 숨은 빛을 말함

장계취계【將計就計】상대편의 계략을 미리 알아채고 그것을 역이용하는 계략

장두은미【藏頭隱尾】머리를 감추고 꼬리를 숨긴다는 데에서 사실을 똑똑히 밝히지 않음

장야지음【長夜之飮】밤낮으로 즐기는 주연 *〈史記〉

장우단탄【長吁短歎】긴 한숨과 짧은 탄식이라는 뜻에서 탄식하여 마지않음

장중보옥【掌中寶玉】손 안에 든 보배로운 옥이라는 뜻으로 가장 사랑스럽고 소중한 것을 이름

재가무일【在家無日】분주하게 돌아다니느라고 집에 붙어 있는 날이 없음

재귀일거【載鬼一車】귀신이 한 수레 가득 있다는 뜻으로 괴이하고 신기한 일이 많음 *〈易經〉

쟁어자유【爭魚者濡】이익을 얻으려고 다투는 사람은 언제나 다툼을 면치 못함 *〈列子〉

적구지병【適口之餅】'입에 맞는 떡'이라는 뜻으로 꼭 알맞음을 이르는 말

적로성질【積勞成疾】오랜 수고 끝에 병을 얻어 앓음

적본주의【敵本主意】목적은 다른 곳에 있는 것처럼 꾸미고 실상은 그 하고자 하는 목적으로 행함

적불가가【敵不可假】적은 반드시 전멸시켜야지 용서하여서는 안 됨 *〈史記〉

적빈여세【赤貧如洗】가난하기가 마치 물로 씻어낸 듯함

적소성대【積小成大】작은 것도 많이 모여 쌓이면 크게 됨. 티끌 모아 태산

적수성연【積水成淵】한 방울 한 방울의 물이 모여 연못을 이룬다는 말

적신지탄【積薪之嘆】오래도록 남 밑에만 눌려서 등용되지 못한 한탄을 이름

적이능산【積而能散】재물을 모아 유익한 일에 씀

적훼소골【積毀銷骨】헐뜯는 말이 쌓이고 쌓이면 뼈도 녹일 만큼 무서운 힘이 있음 *〈史記〉

전가통신【錢可通神】 돈의 힘은 일의 결과를 좌우하고 사람의 처지를 변화시킴

전감소연【前鑑昭然】 거울을 보는 것과 같이 앞의 일을 환히 밝게 알 수 있음

전고미문【前古未聞】 지난날에는 들어 보지도 못한 것

전대지재【專對之才】 남의 물음에 지혜롭게 혼자 대답할 수 있어서 외국의 사신으로 보낼 만한 인재

전부지공【田夫之功】 힘들이지 않고 이득을 보는 것을 비유하여 이름 *〈戰國策〉

전월불공【顚越不恭】 윗사람의 명령을 공손하게 받들지 않음을 이르는 말 *〈書經〉

전일회천【轉日回天】 해를 굴리고 하늘을 돌린다는 뜻으로 임금의 마음을 돌아서게 하는 일

전전불매【輾轉不寐】 엎치락뒤치락하며 잠을 이루지 못함. 시름에 차 이리 뒤척 저리 뒤척하며 잠을 못 이룸

전차복철【前車覆轍】 앞의 사람이 실패한 것을 보고 그것을 거울삼아 주의함 *〈漢書〉

전후곡절【前後曲折】 일의 까닭이나 전후 사연, 처음부터 끝까지의 사실이나 내용

전후불각【前後不覺】앞뒤의 구별도 할 수 없을 만큼 정체가 없는 것

절류이륜【絶類離倫】주위 어떤 사람들보다도 뛰어남

절문근사【切問近思】실제에 적절한 질문을 하여 곧 행하고자 생각함 *〈論語〉

절장보단【絶長補短】긴 것을 잘라 짧은 것에 보탠다는 뜻으로 장점으로 부족한 점을 보충함 *〈孟子〉

절처봉생【絶處逢生】꼼짝달싹할 수 없을 만큼 어렵게 된 처지에서 요행히 살아날 수 있는 길이 생겼다는 말

절충어모【折衝禦侮】적의 공격과 얕보는 마음을 꺾어 나를 두려워하게 만듦

절치액완【切齒扼腕】몹시 분하여 이를 갈고 팔을 걷어붙이며 벼른다는 말 *〈史記〉

점어상죽【鮎魚上竹】메기가 대나무에 올라간다는 뜻으로, 곤란을 극복하고 목적을 이룸을 비유하여 이름

점적천석【點滴穿石】낙숫물이 돌을 뚫는다는 뜻으로 하찮은 것이라도 모이면 큰 것이 됨 *〈文選〉

정문금추【頂門金椎】정수리를 쇠망치로 두들긴다는 뜻으로 정신을 바짝 차리도록 깨우친다는 말

정문일침【頂門一鍼】 정수리에 침을 한 대 놓는다 함은 남의 잘못의 급소를 찔러 훈계함 *〈蘇軾의 論〉

정문입설【程門立雪】 스승을 극진히 섬기는 제자의 비유

정신일도【精神一到】 정신을 한 곳에 기울이면 어떤 일이라도 이룰 수 있다는 말 *〈朱子語錄〉

정유속혁【政由俗革】 정치는 습관이나 풍속에 따라 고쳐져야 한다는 뜻 *〈書經〉

정자정야【政者正也】 정치의 근본은 위정자가 먼저 자기 자신을 바르게 하는데 있음 *〈論語〉

정종모발【頂踵毛髮】 이마와 발뒤꿈치와 털과 터럭이라는 뜻으로 온몸을 이름

정토회향【淨土回向】 젊어서는 염불을 하지 않다가 늙은 뒤에야 염불을 함

제이면명【提耳面命】 귀를 끌어당겨 면전에서 명령을 내린다는 뜻으로 사리를 깨닫도록 타이름 *〈詩經〉

제자패소【齊紫敗素】 실패를 뒤집어 성공으로 바꿈을 비유한 말 *〈戰國策〉

제행무상【諸行無常】 우주만물은 항상 유전하여 잠시도 한 모양으로 머물지 않음 *〈涅槃經〉

조걸위학【助桀爲虐】못된 사람을 부추겨 나쁜 짓을 더하게
 한다는 말

조령모개【朝令暮改】아침에 명령을 내렸다가 저녁에 다시
 고친다 함이니 법령이 자주 변함을 이름 *〈史記〉

조불급석【朝不及夕】형세가 급박하여 아침에 저녁 일이 어
 떻게 될지 알지 못함 *〈左傳〉

조상지육【俎上之肉】'도마 위의 고기'라는 뜻으로 궁지에
 몰린 경우를 이름 *〈史記〉

조수불급【措手不及】일이 몹시 급하여 미처 손을 쓸 겨를이
 없음

조승모문【朝蠅暮蚊】아침에는 파리가 저녁에는 모기가 시
 끄럽게 군다는 뜻으로 소인배들이 들끓는다는 말

조적지서【祖逖之誓】성공하지 못하면 다시는 돌아오지 않
 겠다는 맹세 *〈晉書〉

조차전패【造次顚沛】잠시 동안. 한순간 *〈論語〉

조체모개【朝遞暮改】아침에 바꾸고 저녁에 간다는 뜻으로
 관리의 바뀜이 매우 잦음을 이르는 말

조충소기【彫蟲小技】잔 재주를 부려서 지나치게 글을 꾸며
 남보다 못하게 하는 재주라는 뜻 *〈北史〉

조충전각【彫蟲篆刻】 글을 지을 때 지나치게 글귀의 수식에만 치우치는 일 *〈揚子法言〉

조취모산【朝聚暮散】 아침에 모였다가 저녁에 헤어진다는 말이니 금시 모였다 헤어짐의 무상함을 이름

족반거상【足反居上】 발이 위에 있다는 뜻으로, 사물이 거꾸로 뒤집힌 것을 이르는 말

족불리지【足不履地】 발이 땅에 닿지 않는다는 뜻으로 매우 급히 달아남을 비유하여 씀

존이불론【存而不論】 그대로 버려 두고 이러니저러니 더 따지지 아니함

종귀일철【終歸一轍】 끝판에는 서로 다 한 갈래로 같아짐을 이르는 말

종두득두【種豆得豆】 '콩 심은 데 콩 난다' 란 뜻으로 원인에 따라 결과가 생김

종로결장【鐘路決杖】 종로와 같이 사람의 왕래가 많은 곳에서 탐관오리의 볼기를 치던 일

종식지간【終食之間】 식사를 하는 짧은 시간이라는 뜻으로, 얼마 되지 않은 동안을 비유하여 이름

종이부시【終而復始】 어떤 일을 마치고 나서 다시 잇달아 계

속한다는 말

종풍이미【從風而靡】 한 곳으로 쏠리는 힘에 의해 저절로 따라 넘어감

좌관성패【坐觀成敗】 가만히 앉아서 성패를 관망함 *〈史記〉

좌석미난【坐席未煖】 앉은 자리가 더워지기도 전에 일어난다 함이니 이사를 자주 다닌다는 뜻

좌수우봉【左授右捧】 왼손으로 주고 바른손으로 받는다 함이니 한 물건과 다른 물건을 바꾼다는 뜻

좌식산공【坐食山空】 아무리 재산이 많아도 벌지 않고 놀고 먹기만 하면 종국에는 없어지게 마련임

좌지불천【坐之不遷】 어떤 자리에 오래 눌러 앉아서 다른 데로 옮기지 아니함

좌충우돌【左衝右突】 닥치는 대로 마구 치고 받고 함

주객지세【主客之勢】 종속적인 위치에 있는 사람이 주도적인 위치에 있는 사람을 당해 내지 못하는 형세

주낭반대【酒囊飯袋】 정신적으로 속이 텅 빈 사람이 헛되이 음식만 많이 먹음을 이름

주사야탁【晝思夜度】 어떻게 하면 좋을까 밤낮으로 생각하고 헤아림

주사청루【酒肆靑樓】술집, 기생집 또는 매음굴을 통틀어 이르는 말

주석지신【柱石之臣】나라에 없어서는 안될 가장 중요한 기둥같은 신하

주위상책【走爲上策】해를 입지 않으려면 달아나는 것이 제일 좋은 수라는 말

주장낙토【走獐落兎】노루를 쫓다가 토끼를 주웠다 함이니 뜻밖에 횡재를 얻음을 이름

주침야소【晝寢夜梳】낮잠을 자는 일과 밤에 빗질하는 일. 위생에 해로운 일을 말함

죽두목설【竹頭木屑】대나무 조각과 나무 부스러기라는 뜻으로 쓸모가 적은 물건을 비유하여 이름 *〈晉書〉

죽백지공【竹帛之功】역사에 기록되어 전해질 만한 공적

준조절충【樽俎折衝】여러 가지 교섭에서 유리하게 담판하거나 흥정함을 이름 *〈晏子春秋〉

중과부적【衆寡不敵】적은 수효로 많은 수효를 대적하지 못한다는 말 *〈孟子〉

중도개로【中途改路】일을 진행하는 중간에 갑자기 새로 방침을 바꿈

중도반단【中途半斷】시작한 일을 깨끗이 끝내지 않고 중간에 흐지부지함. 미완성인 상태

중도이폐【中道而廢】일을 하다가 중도에서 그만둠 *〈論語〉

중망소귀【衆望所歸】많은 사람의 기대가 한 사람에게 쏠림

중원축록【中原逐鹿】뭇사람이 지위나 정권을 차지하려고 다투는 일 *〈史記〉

중인소시【衆人所視】뭇사람이 다 같이 보고 있는 터

지기지우【知己之友】자기를 알아주고 잘 이해해 주는 참다운 친구

지란옥수【芝蘭玉樹】한 가문에서 많은 명사와 훌륭한 인물을 많이 배출함

지명지년【知命之年】나이 오십을 달리 이르는 말. 지명은 천명을 알 수 있는 나이

지분혜탄【芝焚蕙嘆】같은 동료가 당한 화를 가슴 아프게 여김을 이름

지사위한【至死爲限】죽을 때까지 자기의 주장을 꺾지 않고 펴 나아감

지소모대【智小謨大】일을 꾸며놓고는 이를 이행할 능력이 없음을 이르는 말 *〈易經〉

지어농조【池魚籠鳥】연못 속의 고기와 새장 속의 새라는 뜻으로 자유롭지 못함을 이름 *〈文選〉

지어지처【止於至處】정처없이 어디든지 이르는 곳에서 머물러 잠을 잔다는 말

지자불박【知者不博】지혜로운 사람은 잡다한 지식을 갖고 있지 않음 *〈老子〉

지자불언【知者不言】지식이 있는 자는 지식을 마음속에 깊이 간직하고 함부로 지껄이지 않음 *〈老子〉

지자일실【智者一失】슬기롭다 할지라도 많은 생각 중에는 간혹 실수가 있을 수 있음

지족자부【知足者富】가난하더라도 분수를 지켜 만족할 줄 알면 마음이 부자라는 뜻

지학지년【志學之年】학문에 뜻을 둘 나이인 열다섯 살을 달리 이르는 말 *〈論語〉

지행합일【知行合一】지식과 행위는 표리 일체라는 명나라 왕양명의 학설 *〈王陽明의 錄〉

지호지간【指呼之間】손짓으로 부를 만한 아주 가까운 거리

직정경행【直情徑行】생각한 바 그대로를 곧 행하고 예의 같은 것은 돌보지 아니함 *〈禮記〉

진금부도【眞金不鍍】금은 도금을 하지 않아도 빛난다는 뜻으로 진짜 실력자는 꾸미지 않아도 된다는 말

진천동지【震天動地】천지를 뒤흔듦. 위엄이 천하에 떨침을 비유한 말 *〈晉書〉

징선기여【懲船忌輿】배멀미를 심하게 하여 수레조차 타기를 꺼림 *〈楚辭〉

차도살인【借刀殺人】남의 칼을 빌어 사람을 죽인다는 뜻으로 남의 힘으로 목적을 달성함 *〈西陽雜俎〉

차청입실【借廳入室】남에게 의탁하고 있다가 나중에는 그의 권리까지 침범함

차형손설【車螢孫雪】가난에 굴하지 않고 학문에 힘씀을 비유한 말 *〈晉書〉

착족무처【着足無處】발을 붙이고 설 땅이 없다는 뜻으로 기반으로 삼고 일어설 곳이 없음

창가책례【娼家責禮】기생집에서 예의를 찾는다는 뜻으로 격식에 맞지 않음을 이르는 말 *〈旬五志〉

창랑자취【滄浪自取】 좋은 말을 듣거나 나쁜 말을 듣거나 다 자기 할 탓

창씨고씨【倉氏庫氏】 어떤 사물이 오래도록 변함이 없음을 이르는 말

채신지우【採薪之憂】 병이 들어서 땔나무를 할 수 없다는 뜻으로 자기의 병을 겸손하게 이르는 말 *〈孟子〉

책인즉명【責人則明】 자기 잘못은 덮어두고 남만 나무람

처성자옥【妻城子獄】 처자를 거느린 사람은 집안 일에 얽매여서 다른 일에 꼼짝도 할 수 없음을 이름

척산촌수【尺山寸水】 높은 곳에서 멀리 산수를 바라볼 때 작게 보임 *〈張船山의 詩〉

천고지하【天高地下】 하늘은 높고 땅은 낮다는 뜻으로 무엇이나 각각 상하의 구별이 있음 *〈禮記〉

천공해활【天空海闊】 하늘과 바다가 한없이 넓음과 같이 도량이 크고 넓음 *〈古今詩話〉

천려일득【千慮一得】 바보 같은 사람이라도 많은 생각 속에는 한 가지의 쓸만한 것이 있음 *〈史記〉

천려일실【千慮一失】 지혜가 있는 사람도 많은 생각을 하는 속에는 한 가지의 실책이 있을 수 있음 *〈史記〉

천리동풍【千里同風】 온 천지에 같은 바람이 분다는 뜻으로 태평한 세상 *〈論衡〉

천리비린【千里比隣】 천 리나 되는 먼 곳을 이웃에 비긴다는 뜻으로 먼 곳을 가깝게 느낌을 이르는 말

천리지구【千里之駒】 하루에 천 리를 달린다는 말로 아주 뛰어난 인물을 비유한 말 *〈漢書〉

천무음우【天無淫雨】 하늘에서 궂은 비가 내리지 않는다는 뜻으로 태평한 나라와 시대를 이름

천변수륙【天變水陸】 하늘이 물과 육지로 바뀐다는 뜻으로 세상이 뒤바뀔 큰 변화

천서만단【千緒萬端】 일의 많은 갈피. 일일이 가려낼 수 없을 만큼 많은 일의 갈피

천선지전【天旋地轉】 하늘과 땅이 팽팽 돈다는 뜻. 세상일이 정신없이 크게 변함

천연세월【遷延歲月】 일을 끝내지 아니하고 자꾸 시일만 끎

천은망극【天恩罔極】 천은은 커서 한이 없음. 임금의 은덕이 한없이 두텁다는 말

천일조림【天日照臨】 하늘과 해가 내려다본다는 뜻으로 속일 수 없음을 비유하여 이르는 말

천자만홍【千紫萬紅】 여러 가지 울긋불긋한 빛깔이란 뜻으로 여러 가지 빛깔의 꽃이 만발함을 이름

천작저창【淺酌低唱】 알맞게 술을 마시고 기분 좋게 노래를 흥얼거림

천존지비【天尊地卑】 하늘을 존중하고 땅을 천시한다는 뜻으로 윗사람은 받들고 아랫사람은 천하게 여김

천종지성【天縱之聖】 하늘이 낸 거룩한 사람이란 뜻으로 공자를 일컫는 말

천필압지【天必壓之】 하늘, 곧 신은 반드시 몹쓸 사람을 미워하여 벌을 내림

천향국색【天香國色】 천하 제일의 향기와 자색이라는 뜻으로 모란꽃을 이름

철심석장【鐵心石腸】 지조가 철석같이 견고하여 외부의 유혹에 움직이지 않는 마음

철옹산성【鐵甕山城】 튼튼하고 굳은 물건을 가리킴

철저징청【徹底澄淸】 물이 밑바닥까지 맑음을 이름. 지극히 청렴 결백함

청심과욕【淸心寡慾】 마음을 깨끗이 하고 헛된 욕심을 부리지 않음

청운지사【青雲之士】학덕이 높은 어진 사람이나 높은 벼슬에 오른 사람 *〈史記〉

청탁병탄【清濁併吞】소인이나 군자를 가리지 않고 받아들인다는 뜻으로 아주 도량이 큼 *〈史記〉

청평세계【清平世界】혼탁하지 않아 맑고 평화스러운 세상. 화평한 사회

초로인생【草露人生】풀에 맺힌 이슬처럼 덧없는 인생

초모위언【草茅危言】벼슬길에 나가지 않고 초야에서 나라에 조언을 함

초목동부【草木同腐】초목과 함께 썩어 없어진다는 뜻으로 해야 할 일을 못하거나 이름을 남기지 못하고 죽음

초미지급【焦眉之急】눈썹에 불이 붙은 것과 같이 매우 위급함을 일컬음 *〈五燈會元〉

초부득삼【初不得三】처음엔 실패한 일이라도 세 번째는 성공한다는 뜻

촉처봉패【觸處逢敗】작심하고 부딪쳐 행하는 일마다 잘 안 되어 봉변을 당함

촌진척퇴【寸進尺退】조금 나아가고 많이 물러남. 얻는 것이 적고 잃는 것이 많음

촌초춘휘【寸草春暉】 부모의 은혜는 만 분의 일도 보답하기 어려움

총죽지교【蔥竹之交】 파피리를 불며 죽마를 타고 함께 놀던 사이란 뜻으로 어렸을 때부터 같이 놀며 자란 교분

총중고골【塚中枯骨】 무덤 속의 마른 뼈란 뜻으로 핏기 없이 몹시 여윈 사람 *〈三國志〉

추도지말【錐刀之末】 날카로운 송곳의 끝이란 뜻으로 사소한 이익을 이르는 말 *〈左傳〉

추상열일【秋霜烈日】 형벌이나 권위가 몹시 엄함 *〈文選〉

추염부열【趨炎附熱】 권세와 부귀에 아첨함을 이르는 말

추원보본【追遠報本】 조상의 덕을 추모하여 제사를 지내며 자기의 태어난 근본을 잊지 않고 은혜를 갚음

추차가지【推此可知】 이 일로 미루어 다른 일을 알 수 있음

추호불범【秋毫不犯】 마음이 매우 깨끗하여 남의 것을 전혀 탐내지 않음

춘와추선【春蛙秋蟬】 봄의 개구리와 가을 매미의 시끄러운 울음소리. 근거 없는 언론의 보도 *〈物理志〉

춘우삭래【春雨數來】 봄비가 자주 온다는 뜻으로 아무 이익이 없다는 말 *〈旬五志〉

춘한노건【春寒老健】 봄 추위와 노인들의 건강. 즉 어떤 사물이 오래 지속되지 못함을 뜻함 *〈旬五志〉

춘화추월【春花秋月】 봄꽃과 가을달이란 뜻으로 자연계의 아름다움을 이르는 말

출언유장【出言有章】 언어는 분명하고 문체가 있는 것을 소중히 여긴다는 뜻

충목지장【衝目之杖】 눈을 찌를 막대기란 뜻으로 남을 해치는 나쁜 마음

충불피위【忠不避危】 충의를 위해서는 위험도 피하지 않음

충비서간【蟲臂鼠肝】 벌레의 앞발과 쥐의 간이란 뜻으로 아주 작은 물건을 비유한 말

취모구자【吹毛求疵】 털 사이를 불면서 흠을 찾는다는 말로 남의 결점을 억지로 찾아냄 *〈韓非子〉

취식지계【取食之計】 겨우 밥이나 얻어먹고 살아갈 만한 꾀

취정회신【聚精會神】 정신을 가다듬어 한 군데에 모음

취지무금【取之無禁】 임자 없는 물건은 아무리 많이 가져도 뭐라 말하는 사람이 없음

측석이좌【側席而坐】 마음 속에 걱정거리가 있어서 앉은 자리가 편안하지 못함

치발부장【齒髮不長】 배냇니도 다 갈지 못하고 머리는 다박머리란 뜻으로 아직 나이가 어림을 비유한 말

치지도외【置之度外】 그냥 내버려 두고 문제로 삼지 않음. 도외시하여 돌보지 않음

치지망역【置之忘域】 잊어버리고 생각하지 않음

치추지지【置錐之地】 송곳 하나 세울 만한 극히 좁은 땅을 이르는 말 *〈莊子〉

칠실지우【漆室之憂】 제 분수에 넘치는 일을 걱정함을 이르는 말 *〈史記〉

칠자불화【漆者不畵】 칠장이는 그림을 그리지 않는다는 뜻으로 분업함을 이름 *〈淮南子〉

칠전팔도【七顚八倒】 일곱 번 구르고 여덟 번 넘어진다는 말로 갖은 고생을 겪음

침소봉대【針小棒大】 바늘같이 작은 일을 몽둥이같이 크게 말함이니 조그마한 일을 크게 과장하여 떠듦

칭불리추【稱不離錘】 저울대와 저울추는 서로 떨어지지 않는다는 말이니, 깊은 연대관계가 있음

칭령두만【秤平斗滿】 저울이나 말을 속이지 않는다는 뜻으로 정직한 장사를 이름

쾌도난마【快刀亂麻】잘 드는 칼로 엉클어진 삼실을 자른다는 뜻. 복잡 곤란한 사건 등을 명쾌하게 처리함의 비유

쾌독파차【快犢破車】팔팔한 송아지가 수레를 부순다는 뜻. 난폭한 소년은 장차 큰 인물이 될 가능성이 있음의 비유 *〈晉書〉

타기술중【墮其術中】남의 간악한 술책에 빠짐

타상하설【他尙何說】한 가지 일을 보면 다른 일은 보지 않아도 헤아릴 수 있음

타수가득【唾手可得】어렵지 않게 일이 잘 이루어질 것을 기약할 수 있음

타인소시【他人所視】다른 사람이 보고 있는 것 같아서 감출 수가 없음

탄우지기【吞牛之氣】소를 통째로 삼킬 만한 기상이라는 뜻. 장대한 기상을 이름 *〈杜甫의 詩〉

탄주지어【吞舟之魚】배를 통째로 삼킬 만큼 큰 물고기란 뜻으로 큰 인물을 비유한 말 *〈列子〉

탄화와주【吞花臥酒】꽃을 보며 술을 마심

탈토지세【脫兎之勢】우리를 빠져 달아나는 토끼의 기세라는 뜻으로 동작이 매우 날렵한 기세 *〈孫子〉

탐낭취물【貪囊取物】주머니 속에 물건을 꺼내듯이 아주 손쉽게 물건을 얻을 수 있음

탐부순재【貪夫徇財】탐욕스러운 사람은 재물을 얻기 위해 어떤 위험도 돌보지 않음 *〈史記〉

탐화봉접【探花蜂蝶】꽃을 찾는 벌과 나비

탕척서용【蕩滌敍用】죄명을 씻어주고 다시 등용함

탕탕평평【蕩蕩平平】싸움이나 시비, 논쟁에서 어느 쪽에도 치우침이 없음

태강즉절【太剛則折】지나치게 세거나 빳빳하면 꺾어지기 쉽다는 말

태산압란【泰山壓卵】태산처럼 큰 것으로 달걀을 깨뜨린다는 말로 아주 쉬운 일을 말함 *〈晉書〉

택급만세【澤及萬歲】혜택이 영원히 미침

토각귀모【兎角龜毛】토끼에 뿔이 나고 거북에 털이 났다는 뜻으로 있을 수 없는 일을 비유한 말 *⟨楞嚴經⟩

토붕와해【土崩瓦解】일이나 사물이 뿔뿔이 흩어져 수습할 수 없을 만큼 혼란한 상태 *⟨史記⟩

토사호비【兎死狐悲】토끼 죽음에 여우가 슬퍼한다는 뜻으로 남의 처지를 보고 자기 신세를 헤아려 슬퍼함

통소불침【通宵不寢】밤새도록 잠을 자지 못함

통입골수【痛入骨髓】원통한 일이 깊이 사무쳐 골수에 맺힘

통천지수【通天之數】하늘에 통하는 운수라는 뜻에서 더할 나위 없이 좋은 운수를 이르는 말

투과득경【投瓜得瓊】남에게 오이를 주고 구슬을 얻는다는 뜻. 사소한 선물로 값비싼 답례품을 받음 *⟨詩經⟩

투합취용【偸合取容】남에게 영합하여 자기 한 몸이 받아들여지기를 바람

투현질능【妬賢嫉能】어질고 능력 있는 사람을 시기하여 미워한다는 말

특립독행【特立獨行】자기가 믿는 바를 내세워 세속 밖에 혼자 우뚝 서서 소신대로 행동함

ㅍ

파경부조【破鏡不照】 깨진 거울은 다시 비추지 않는다는 뜻.
한번 헤어진 부부는 다시 결합하기 어렵다는 말

파기상접【破器相接】 깨어진 그릇을 맞춘다는 뜻. 이미 틀어
진 일을 바로 잡으려고 헛수고를 함

파사현정【破邪顯正】 그릇된 생각을 깨뜨리고 바른 도리를
드러냄

팔가구맥【八街九陌】 길의 팔방으로 통하는 거리와 구방으
로 통하는 거리가 있는 변화한 곳

팔면부지【八面不知】 어느 모로 보나 안면이 전혀 없는 사람

패입패출【悖入悖出】 부정한 방법으로 얻은 재물은 곧바로
도로 나감 *〈大學〉

편언척자【片言隻字】 한 마디 말과 몇 자의 글

편청생간【偏聽生姦】 한쪽 이야기만을 듣고 일을 처리하면
좋지 않은 결과로 이어짐 *〈史記〉

평기허심【平氣虛心】 심기를 조용하게 가져 잡념을 없앰. 곧
침착하고 조급하지 아니함 *〈莊子〉

평사낙안【平沙落雁】 모래펄에 내려앉는 기러기라는 뜻으로 글씨를 예쁘게 잘 쓰는 것을 비유하여 이르는 말

평지낙상【平地落傷】 평지에서 넘어져 다친다는 뜻으로 뜻밖에 당하는 불행을 비유하여 이름

폐침망찬【廢寢忘餐】 침식을 잊고 일에 몰두함

포두서찬【抱頭鼠竄】 머리를 싸매고 쥐처럼 숨는다는 뜻으로 무서워서 몰골 사납게 얼른 숨어 버림

포류지자【蒲柳之姿】 갯버들처럼 스스로 몸의 허약함을 이르는 말. 포류지질(蒲柳之質) *〈世說〉

포식당육【飽食當肉】 배가 부를 때 고기를 본 것처럼 관심이나 흥미가 없음을 비유하여 이름

포연탄우【砲煙彈雨】 자욱한 총포의 연기와 빗발치는 탄환이라는 뜻으로 격렬한 전투를 이르는 말포

포편지벌【蒲鞭之罰】 부드러운 채찍은 아프지 않음. 다만 벌의 형식만 있고 실지는 없어 욕만 보임 *〈後漢書〉

포풍착영【捕風捉影】 바람을 잡고 그림자를 붙든다는 뜻으로 허망한 언행을 이름 *〈漢書〉

포호함포【咆虎陷浦】 개펄에 빠진 호랑이가 으르렁거리듯 떠들기만 하고 성취함이 없음의 비유 *〈旬五志〉

표동벌이【標同伐異】 나와 같은 자는 보호하고 나와 다른 자는 공격함 *〈世說〉

풍사재하【風斯在下】 높은 곳에 오른다는 뜻으로 새가 높이 날을 때는 바람은 그 밑에 있다는 말 *〈莊子〉

풍운어수【風雲魚水】 바람과 구름, 물고기와 물이란 뜻으로 임금과 신하의 아주 가까운 사이

풍전지진【風前之塵】 바람 앞의 먼지라는 뜻으로 사물의 무상함을 비유하여 이름 *〈文選〉

풍조우순【風調雨順】 기후가 순조로워 곡식이 잘 된다는 뜻으로 천하가 태평함

피리양추【皮裏陽秋】 사람마다 각각 마음 속에 셈속과 분별력이 있음. 피리춘추(皮裏春秋) *〈晉書〉

피발영관【被髮纓冠】 급하여 머리를 빗지 못하고 머리칼이 산란한 채 관을 쓰고 끈을 맴 *〈孟子〉

피상지사【皮相之士】 겉만 보고 속을 보지 못하는 사람을 비유한 말 *〈韓詩外傳〉

피육지견【皮肉之見】 가죽과 살만 보고 그 속의 뼈를 못 보았다는 뜻으로 천박한 깨달음 *〈傳燈錄〉

피장봉호【避獐逢虎】 노루 피하다가 범을 만남. 적은 해를

피하려다가 큰 화를 당함

피흉추길【避凶趨吉】흉한 일을 피하고 좋은 일을 향해 나아간다는 말

필마단기【匹馬單騎】혼자 한 필의 말을 타고 감

필망내이【必亡乃已】반드시 꼭 망하고야 맘

필부지용【匹夫之勇】소인의 깊은 생각 없이 혈기만 믿고 냅다 치는 용기 *〈孟子〉

필지어서【筆之於書】확인이나 또는 잊어버리지 않기 위해 글로 써둠

하견지만【何見之晚】식견, 즉 깨달음이 늦음을 일컫는 말

하당영지【下堂迎之】반갑고 공경하는 뜻에서 마당으로 내려와서 맞음

하대명년【何待明年】'어찌 명년을 기다리랴' 라는 뜻으로 매우 지루함을 이르는 말

하동사후【河東獅吼】남편이 아내를 두려워함을 조롱하는

말로 공처가를 뜻하는 말

하로동선【夏爐冬扇】여름의 난로, 겨울의 부채. 즉 때가 지나 아무 소용없는 것 *〈論衡〉

하우불이【下愚不移】어리석은 사람은 아무리 타이르거나 가르쳐 주어도 마음이 움직이지 않음을 일컫는 말

하의상달【下意上達】아랫사람의 의견이 윗사람에게 전달되는 일을 말함

하학상달【下學上達】아랫것부터 배워서 위에 이른다는 뜻으로 쉬운 것부터 배워 깊은 이치를 깨달음 *〈論語〉

하한지언【河漢之言】은하수가 멀고 멀어서 끝이 없다는 말로 한없이 길어서 끝이 보이지 않음

학립계군【鶴立鷄群】닭이 많은 곳에 학이 서 있다는 것으로 눈에 띄도록 두드러지게 훌륭함을 비유한 말

학명지사【鶴鳴之士】많은 사람으로부터 신뢰와 존경을 받는 인물 *〈後漢書〉

학이지지【學而知之】배워야 많은 것을 알게 됨

학자삼다【學者三多】학자의 세 가지 요건으로 많은 독서와 지론, 그리고 많은 저술을 가리킴

한담설화【閑談屑話】심심풀이로 하는 쓸데없는 말

한량음식【閑良飲食】매우 시장하여 음식을 마구 먹어댐

한마지로【汗馬之勞】싸움터에서 말을 달려 싸운 공로라는 뜻으로 싸움에 이긴 공로

한사결단【限死決斷】죽기를 마다하지 않고 결단함

한운야학【閑雲野鶴】허공에 떠 있는 구름과 들에 노는 학처럼 아무 구속도 받지 않는 자유로운 생활

한입골수【恨入骨髓】원한이 뼈에 사무침

한화휴제【閑話休題】쓸데없는 이야기는 그만둠

할고충복【割股充腹】배고픔을 채우기 위하여 허벅지를 베어 먹는다는 뜻으로 한때만을 면하려는 어리석은 잔꾀

할반지통【割半之痛】몸의 반쪽을 베어내는 고통이란 뜻으로 형제 자매가 죽은 슬픔

할육충복【割肉充腹】제 살을 베어 배를 채운다는 뜻으로 친족의 재물을 빼앗음을 이르는 말

함구물설【緘口勿說】입을 다물고 말을 못하게 함

함소입지【含笑入地】웃으며 죽는다는 말로 두려움 없이 위험한 곳에 뛰어듦 *〈唐書〉

함양훈도【涵養薰陶】가르쳐 인도하여 재주와 덕을 쌓게 함

합본취리【合本取利】 밑천을 한데 같이 모아서 이익을 얻으려고 함

합연기연【合緣奇緣】 기이하게 맺어지는 인연

항다반사【恒茶飯事】 늘 있어 이상하거나 신통할 것이 없는 일(준말 다반사)

항배상망【項背相望】 왕래가 빈번함. 뒤를 이을 인재가 많음을 비유하여 이르는 말 *〈後漢書〉

항소극론【抗疏極論】 임금에게 상소문을 올리고 극력(極力)으로 논함

해고견저【海枯見底】 바닷물이 말라야 바닥을 볼 수 있듯이 사람의 마음도 평소에 알 수 없음

해불양파【海不揚波】 바다에 파도가 일지 않는다는 뜻으로 백성들이 임금의 선정 아래 편안함을 이르는 말

해어지화【解語之花】 언어가 통하는 꽃이란 뜻으로 아름다운 여인을 뜻함 *〈天寶遺事〉

해의추식【解衣推食】 자기의 밥과 옷을 남에게 준다는 뜻으로 은혜를 베푸는 것 *〈史記〉

해타성주【咳唾成珠】 기침과 침이 모두 구슬이 된다는 뜻으로 시나 문장을 꾸미는 재주가 뛰어남 *〈晉書〉

행로지인【行路之人】 길에서 만난 사람이라는 뜻으로 아무 상관이 없는 사람

행선축원【行禪祝願】 나라와 백성을 위하여 아침저녁으로 부처님에게 비는 일

행시주육【行尸走肉】 '움직이는 송장과 걸어다니는 고깃덩이'란 말로 쓸모가 없는 사람 *〈拾遺記〉

향당상치【鄕黨尙齒】 마을에서 나이가 가장 높은 사람을 존경하는 것

향발부지【向發不知】 방향을 알지 못한다는 말로 아직 철들지 않음을 뜻함

향복무강【享福無疆】 끝없이 많은 복을 누림

향양화목【向陽花木】 볕을 받은 꽃나무로 앞길이 창창한 사람을 일컫는 말

허령불매【虛靈不昧】 마음에 잡념이 없고 신령하여 깨끗하고 환함 *〈大學〉

허실생백【虛室生白】 햇빛이 틈새로 들어와 환하다는 뜻으로 허심을 가지면 복이 따른다는 비유의 말

허유괘표【許由掛瓢】 속세를 떠나 청렴하게 살아가는 모양을 비유한 말 *〈高士傳〉

허장실지【虛掌實指】 서도(書道)에서 손바닥을 넓게 펴 손가락에 힘을 실어 붓을 잡는 일

혁세공경【赫世公卿】 대대로 전해 내려오는 높은 벼슬아치

현군고투【懸軍孤鬪】 적군 진영으로 깊이 들어와서 후원군도 없이 외롭고도 괴로운 싸움을 함

현신설법【現身說法】 부처가 여러 모습으로 나타나 중생을 위해 설교한 일

현완직필【顯脘直筆】 바닥에 팔을 대지 않고 붓을 똑바로 쥐고 글씨를 쓰는 자세

현인안목【眩人眼目】 남의 눈을 어지럽히고 정신을 아뜩하게 한다는 말

현하구변【懸河口辯】 물이 세차게 흐르듯 거리낌없이 유창하게 말을 잘함

현현역색【賢賢易色】 미인을 좋아하듯 어진 사람을 좋아함

혈성남자【血誠男子】 의지가 굳고 용감하여 죽음을 두려워하지 않는 사나이

혈풍혈우【血風血雨】 피바람과 비가 퍼붓는 격심한 혈전

형각도존【形殼徒存】 겉으로 드러나 보이는 껍데기만 남아 있다는 말

형망제급【兄亡弟及】 형이 아들 없이 죽었을 때 형 대신에 아우가 대를 잇는 일

형영상동【形影相同】 마음 속에 생각한 바가 그대로 밖으로 나타남 *〈列子〉

형영상조【形影相弔】 자기의 몸과 그림자가 서로 불쌍히 여긴다는 말로 혼자 몹시 외로워함

형용고고【形容枯槁】 용모가 물기 없는 초목처럼 아주 초췌해 보임 *〈楚辭〉

형제지의【兄弟之誼】 우애 있는 형제처럼 지내는 친구 사이의 우정

혜분난비【蕙焚蘭悲】 친구의 불행을 슬퍼함

혜이불비【惠而不費】 위정자는 백성에게 은혜를 베풀되 낭비를 하지 말아야 함 *〈論語〉

호거용반【虎踞龍盤】 범이 웅크리고 용이 서리었다는 말로 산세가 거대함을 이르는 말

호구지책【糊口之策】 빈곤한 생활에서 그저 겨우 먹고 살아가는 방책

호내호외【好內好外】 호내는 여색을 좋아하는 것, 호외는 현인을 좋아하는 것 *〈國語魚語下〉

호당지풍【護黨之風】 한 동아리끼리 서로 감싸고 보호해 주는 기풍

호랑지심【虎狼之心】 성질이 사납고 거칠어서 인자하지 못한 마음

호령여한【號令如汗】 땀이 다시 몸 속으로 들어갈 수 없듯이 한번 내린 명령은 취소할 수 없다는 말

호령생풍【號令生風】 큰 소리로 꾸짖음

호리건곤【壺裏乾坤】 술 항아리 속의 세상이라는 뜻으로 늘 술에 취해 있음을 이르는 말

호리천리【毫釐千里】 처음은 조그만 차이지만 나중에는 큰 차이가 남 *〈史記〉

호말지리【毫末之利】 아주 작은 이익

호미난방【虎尾難放】 잡았던 범의 꼬리를 놓치 못함과 같이 어려운 일에서 진퇴유곡인 경우

호미춘빙【虎尾春氷】 범의 꼬리와 봄철 살얼음이란 뜻으로 아주 위험한 지경의 비유

호발부동【毫髮不動】 조금도 움직이지 아니함

호방뇌락【豪放磊落】 기개가 장대하고 활달하여 작은 일에 거리낌이 없음

호사토읍【狐死兎泣】여우의 죽음에 토끼가 운다는 뜻으로 동료의 불행을 슬퍼함 *〈宋史〉

호생오사【好生惡死】모든 생물은 살기를 원하고 죽기를 두려워함

호생지덕【好生之德】사형을 받을 죄인을 특사하여 살려주는 제왕의 덕

호생지물【好生之物】아무렇게나 굴려도 죽지 않고 잘 사는 식물을 일컬음

호왈백만【號曰百萬】실제로는 조그마한 일을 말로만 크게 떠들어댐

호우호마【呼牛呼馬】남이야 무어라 비평을 하든 나는 조금도 개의치 않음 *〈莊子〉

호위인사【好爲人師】잘난 체하고 항상 남의 스승이 되기를 좋아함

호의호식【好衣好食】좋은 옷과 좋은 음식이라는 말로 부유한 생활을 말함

호중천지【壺中天地】별천지. 술에 취해 세속을 잊어버리는 즐거움 *〈後漢書〉

호질기의【護疾忌醫】자신에게 과오가 있으나 그 과오에 대

한 남의 충고를 듣지 못함 *〈周子通書〉

호천망극【昊天罔極】어버이의 은혜가 하늘과 같이 넓고 커서 끝이 없음

호치단순【皓齒丹脣】'붉은 입술과 하얀 이'라는 뜻으로 여자의 매우 아름다운 얼굴을 이름

호풍환우【呼風喚雨】술법을 써서 바람과 비를 불러일으킴

호해지사【湖海之士】호탕한 기풍을 갖고 초야에서 살아가는 인물 *〈三國志〉

혹시혹비【或是或非】어떤 사람은 옳다고 하고 다른 사람은 그르다고 함

혼승백강【魂昇魄降】죽은 사람의 영혼은 승천하고 시체는 땅으로 내려가 묻힘

혼야애걸【昏夜哀乞】어두운 밤에 사람 없는 틈을 타서 권세 있는 사람에게 애걸함

혼연천성【渾然天成】아주 쉽게 저절로 이루어짐

혼정신성【昏定晨省】아침 저녁으로 부모의 안부를 물어서 살핌 *〈禮記〉

홍안애력【鴻雁愛力】기러기는 바람을 만나면 재빨리 떠올라 자기의 힘을 아낀다는 뜻으로 기회를 잘 이용함

홍익인간 【弘益人間】 널리 인간 세상을 이롭게 함

화기치상 【和氣致祥】 음과 양이 서로 화합하면 그 기운이 엉기어서 상서로움을 냄

화룡유구 【畵龍類狗】 큰 일을 하려다가 뜻을 이루지 못할 때는 한 가지의 작은 일도 이룰 수가 없음

화반탁출 【和盤托出】 음식물을 소반에 차려서 들고 나온다는 뜻으로 일체 남기지 않고 드러냄

화복무문 【禍福無門】 화복은 문과는 상관없이 사람의 선악을 따라온다는 말 *〈佐傳〉

화불단행 【禍不單行】 재앙과 불행은 항상 겹쳐서 오게 됨을 이르는 말

화상주유 【火上注油】 불에 기름을 붓는다는 뜻으로 사태를 더욱 악화시킴 *〈官場現形記〉

화생부덕 【禍生不德】 재앙을 당하는 것을 자신의 부덕한 탓이라는 생각함

화서지몽 【華胥之夢】 무심코 꾼 꿈에서 큰 뜻을 깨달았다는 고사로서 선몽(善夢)이나 길몽(吉夢) *〈列子〉

화여도리 【華如桃李】 얼굴의 아름다움이 마치 복숭아나 오얏의 꽃과 같음

화여복린【禍與福隣】화복은 항상 함께 있음 *〈荀子〉

화왕지절【火旺之節】오행(五行)에서 화기가 왕성한 절기라는 뜻으로 여름을 이름

화이부동【和而不同】남과 사이좋게 지내되 무조건 동조하지는 않음 *〈論語〉

화전충화【花田衝火】꽃밭에 불을 지른다는 뜻으로 잘되는 일을 그르침 *〈旬五志〉

화조월석【花朝月夕】꽃이 핀 아침과 달이 밝은 저녁이라는 뜻으로 경치가 좋은 시절

화종구생【禍從口生】입버릇이 나쁘면 화를 입는다는 뜻으로 항상 말조심을 하라는 말

화종구출【禍從口出】화는 모두 입으로부터 나오는 것이니 항상 말을 조심해야 함

화중군자【花中君子】꽃 중의 군자란 뜻으로 바로 연꽃을 이르는 말

화천월지【花天月地】꽃 피고 달 밝은 봄밤의 경치를 비유하여 이르는 말

화촉지전【華燭之典】화촉을 밝히는 의식이란 뜻으로 결혼식을 말함

환과고독【鰥寡孤獨】늙어서 자식이 없는 사람 즉 몹시 외롭고 의지할 곳 없는 사람 *〈孟子〉

환귀본종【還歸本宗】양자로 간 사람이 생가에 자손이 없는 이유로 되돌아옴

환난상구【患難相救】환난이 있을 때 서로 목숨을 걸고 구제하는 것을 말함

환부역조【換父易祖】신분이 낮은 사람이 부정한 방법으로 자손이 없는 양반집을 자기의 조상으로 바꿈

환여평석【歡如平昔】그 동안의 원망과 한은 잊고 옛 정을 다시 찾음

환천희지【歡天喜地】하늘이 즐기고 땅이 기뻐한다는 뜻으로 매우 기뻐하고 즐거워함

활달대도【豁達大度】마음이 넓고 좋아서 작은 일에도 거리끼지 않는 군자 같은 마음

활박생탄【活剝生呑】산 채로 가죽을 벗겨 삼킨다는 뜻으로 남의 글을 표절하는 것을 비유함 *〈大東新語〉

활연관통【豁然貫通】환하게 통하여 이치를 깨달음

활인적덕【活人積德】사람의 목숨을 살려 은덕을 쌓음을 일컫는 말

황중내윤【黃中內潤】 재덕을 깊이 감추고 겉으로 나타내지 않는다는 말 *〈易經〉

황진만장【黃塵萬丈】 누른 빛의 흙먼지가 뭉게뭉게 하늘을 향해 오르는 모양

회계지치【會稽之恥】 마음 속 깊이 새겨져 영원히 잊을 수 없는 수치 *〈十八史略〉

회빈작주【回賓作主】 남의 의견을 무시하고 멋대로 일을 채어 잡음

회심향도【回心向道】 불교에서 마음을 돌려 올바른 길로 들어섬을 이르는 말

회인불권【誨人不倦】 사람을 조금도 권태를 느끼지 않게 성심성의로 교회함 *〈論語〉

횡래지액【橫來之厄】 뜻밖에 닥쳐오는 재액

횡행천하【橫行天下】 세상에서 아무 거리낌 없이 제 마음대로 날뛰는 모양

후덕군자【厚德君子】 생김새나 언행이 덕스럽고 점잖은 사람을 일컬음

후모심정【厚貌深情】 외모를 꾸미고 본심은 깊이 간직하여 겉으로 드러내지 않음 *〈莊子〉

후생가외【後生可畏】 후배들이 선배들보다 나아서 두렵게 느껴짐

후설지신【喉舌之臣】 임금의 명령과 조정의 언론을 맡았다는 뜻으로 승지의 직임

훼장삼척【喙長三尺】 주둥이가 석 자라도 변명할 수가 없다는 뜻으로 허물이 드러나서 숨길 수가 없음

훼척골립【毀瘠骨立】 너무 슬퍼하여 바짝 말라 뼈가 앙상하게 드러남을 비유한 말

흑백분명【黑白分明】 사물의 시비나 선악이 명료함 *〈漢書〉

흑의재상【黑衣宰相】 지난날 정치에 참여하여 대권을 좌우하던 승려

흥진비래【興盡悲來】 즐거운 일이 다하면 슬픈 일이 온다는 뜻으로 세상일이 돌고 돎을 이르는 말

희구지심【喜懼之心】 한편으로는 기쁘면서 한편으로는 두려운 마음

희출망외【喜出望外】 바라지도 않았던 일이 뜻밖에 우연찮게 생김

희황상인【羲皇上人】 복희씨(伏羲氏) 이전의 사람이라는 뜻으로 세상을 잊고 숨어 사는 사람

알기쉬운
고사성어 & 사자성어

- 초판 1쇄 __ 2012년 04월 15일
- 중판 1쇄 __ 2023년 03월 20일

- 편 　 저 __ 해동한자어문회
- 펴 낸 곳 __ 아이템북스
- 펴 낸 이 __ 박효완
- 출판등록 __ 2001년 8월 7일 제2-3387호
- 주 　 소 __ 서울특별시 마포구 동교로 75
- 전 　 화 __ 02-332-4327
- 팩 　 스 __ 02-3141-4347

※ 파본이나 잘못된 책은 교환해 드립니다.